W0462240

Un éternel soleil

Bruno Le Maire

Un éternel soleil

Albin Michel

© Éditions Albin Michel, 2021

« L'automne, déjà ! – Mais pourquoi regretter un éternel soleil, si nous sommes engagés à la découverte de la clarté divine, – loin des gens qui meurent sur les saisons. »

Arthur Rimbaud
Une saison en enfer, 1873

Annie, je regrette de ne pas vous avoir davantage écoutée.

Rien que son prénom m'avait surpris : Annie. Elle se tenait bien droite à l'entrée de ma permanence itinérante, dans un couloir étroit. Quel âge pouvait-elle avoir ? Trente ans ? Trente-cinq ans ? Je lui tendis la main, elle me dévisagea un instant : « Annie, je m'appelle Annie. » Je la fis entrer, lui offris une chaise. Elle était en face de moi, le dos calé dans sa chaise, dans cette salle vide que le maire de Bueil avait mise à ma disposition. La lumière blanche des néons installés dans les dalles du plafond en aggloméré creusait son visage, éclaircissait le blond gris de ses cheveux. Elle avait des yeux pâles, des yeux de loup, apeurés et clairs, qui ne sachant où se fixer scrutaient le portrait du président de la République tout juste élu, Nicolas Sarkozy, auquel la plupart des commentateurs avaient trouvé un teint cireux.

Annie tenait serrée contre sa poitrine une liasse de documents un peu chiffonnés, des relevés de comptes bancaires, des quittances de loyer, un prospectus de Cofidis, un avis de la Banque de France. « Je viens vous voir pour une question de surendettement, monsieur le député. » Elle était entrée dans la pièce, elle s'était assise et elle avait juste dit cela, d'une voix sèche : « Je viens vous voir pour une question de surendettement. » Elle avait marqué un temps avant d'ajouter : « Monsieur le député », titre que je venais de gagner aux élections législatives dans la première circonscription de l'Eure et qui avait remplacé celui auquel j'étais habitué : « Monsieur le directeur de cabinet. » Elle, Annie, n'avait aucun titre. Elle m'avait tendu la liasse de documents, je les avais épluchés ; moi qui depuis des années maniait les parapheurs cartonnés, où chaque page était soigneusement cornée d'un onglet, les documents fixés par des trombones, la place réservée à ma signature marquée d'une petite flèche rouge, je me débattais avec un paquet de feuilles volantes dont certaines gondolaient, parce qu'elles avaient pris la pluie.

Au lieu de mon bureau aux moulures XVIIIe qui donnait sur le parc de Matignon, décoré de meubles en marqueterie et d'une tapisserie des Gobelins vaste comme une mare, je me trouvais dans une pièce impersonnelle, refaite à neuf, qui sentait encore la peinture. Pas d'huissier, plus de gendarmes en uniforme qui montaient la garde dans l'antichambre, plus de Premier ministre dans le bureau d'à côté, mais le maire de la commune, Michel Duval, qui m'attendait pour aller déjeuner avec lui. Cet homme au grand cœur, la chemise toujours ouverte sur une poitrine marquée d'une cicatrice, adorait la chasse, mangeait comme quatre, confectionnait avec sa femme Éliane les meilleures terrines de sanglier du département et devait mourir huit ans plus tard d'un infarctus. Le stade de foot du village porte désormais son nom ; nous l'avons inauguré avec Sébastien Lecornu en juillet 2016.

Effectivement, les relevés de compte faisaient état d'un découvert chronique, les revenus étaient modestes ; aux dépenses contraintes de logement, de nourriture, d'électricité et de gaz s'ajoutaient des crédits à la consommation pour des montants élevés et des dépenses d'abonnement internet et de téléphonie mobile de plusieurs centaines d'euros. Annie continuait de fixer le visage impassible de Nicolas Sarkozy. Je lui rendis les documents et ne sachant trop quoi dire, ni quoi faire, je hasardai une remarque : « Annie, vous devriez couper dans vos dépenses internet et dans les abonnements téléphoniques. » Elle reprit la liasse de papiers, planta son regard clair dans le mien : « Monsieur le député, tout, mais pas ça. » Elle serra nerveusement les documents contre sa poitrine et ajouta : « Vous voulez nous priver de tout ? »

Quatorze ans après, je n'eus aucun mal à la reconnaître sur une photo de l'édition locale du *Paris-Normandie*, qui avait été à la rencontre d'un groupe de gilets jaunes installé sur un rond-point à l'entrée de la gare de Bueil. Elle était une des meneuses du mouvement ; elle avait changé de coupe de cheveux mais elle conservait ce regard clair et fuyant, son regard de loup. La légende indiquait : « Annie, assistante médicale. »

Dans cette fin de matinée de juin 2007, Annie, je vous assure que je vous avais écoutée. Mais est-ce que je vous avais entendue ?

Si je pose ces questions au début de ce livre, c'est que le prochain quinquennat doit être celui de la réconciliation des Français entre eux ; et de la réconciliation des Français avec ce qu'ils sont, un grand peuple libre. « Je m'entête affreusement à adorer la liberté libre », écrivait Rimbaud à son professeur de rhétorique Georges Izambard, le 2 novembre 1870, entre deux fugues loin de Charleville. Et il ajoutait : « Allons, chapeau, capote, les deux poings dans les poches et sortons ! » Oui, sortons ! Sortons de cette fascination funeste pour le déclin, que les commentateurs ressassent à longueur de journée sans bouger le petit doigt pour que cela change ; sortons de l'apitoiement sur nous-mêmes, qui ne fait pas une politique ; sortons des comparaisons incessantes avec nos voisins, de la jalousie qui ronge, sortons de ce mime des États-Unis qui nous fait grimacer, sortons du repli sur soi qui a toujours précédé dans notre histoire les défaites les plus accablantes, pour nous retrouver, nous, la France, cet « éternel soleil ».

Et comment ?

Contre les certitudes toutes faites, contre la facilité des évidences techniques, nous parviendrons à cette réconciliation en écoutant humblement chacun de nos compatriotes, Annie comme les autres. Nous, je veux dire les responsables politiques, si déconsidérés que nos compatriotes ne nous voient plus comme une solution, mais comme un problème supplémentaire. Nous, le peuple, qui avons perdu peu à peu l'habitude de nous retrouver, qui ne dialoguons plus entre nous et avons comme oublié cet art si français de la conversation, qui consiste à se détourner de soi pour se tourner vers l'autre, dans un flux mêlé de paroles.

À un moment, dans notre rendez-vous qui avait duré tout au plus une vingtaine de minutes, parce que d'autres personnes attendaient devant la mairie de Bueil, Annie avait remarqué mon regard un peu vague et elle m'avait demandé avec insistance : « Vous m'écoutez, monsieur le député ? Vous m'écoutez vraiment ? » Instinctivement, elle avait senti combien après des années dans des fonctions de cabinet, aux Affaires étrangères, à l'Intérieur puis à Matignon, en bref au sommet de l'État, où on décide tant et où on écoute si peu, ce n'était déjà plus dans mes habitudes.

Nous, avec Emmanuel Macron, que je souhaite voir réélu pour un second mandat.

Encore quelques années plus tard, en janvier 2021, je publiais le récit des quatre premières années du quinquennat, sous le titre *L'Ange et la Bête*, avec le sous-titre : *Mémoires provisoires*.

Tous les mémoires ont quelque chose de provisoire, je veux dire par là que la vérité de ces mémoires peut à tout moment être vue sous un autre angle, de surplomb par plus puissant que soi, de face par un rival, sans oublier les minuscules laideurs de la revanche, de la jalousie, de la haine qui, déformant la vérité comme les muscles des visages, lui donnent aussi du caractère. Chaque vérité peut aussi être retournée pour montrer son vice, comme une carte truquée dans un jeu. Et alors ? Malebranche a démonté la vérité selon Montaigne mais pas ses *Essais*.

La vérité des mémoires a quelque chose de provisoire, mais plus encore les mémoires des responsables politiques : car leurs mots se confondent avec leurs intentions, qui affleurent à chaque page, sans être tout à fait avouées. Les mots en prennent une couleur incertaine et clinquante, comme une carrosserie de voiture en plein soleil, qui brille trop pour ne pas aveugler. Pourquoi ? Comment ? Le livre ne brise plus rien en nous, il ne nous tend aucun miroir, il réfléchit juste son auteur. Si derrière ces intentions ne perce pas celle ou celui qui les a écrits, les mots perdent même leur goût, ils tombent dans notre esprit avec le bruit d'osselets dans une caisse en bois. Il faut que la nature du récit se confonde avec la nature de son narrateur pour que la vie reste. Ici, les larmes, la sueur, la peine, la tristesse, la déception, la joie, le plaisir et l'enthousiasme font partie de la politique : pourquoi alors ne feraient-ils pas partie de son écriture ?

Annie et tous les autres visages que j'ai rencontrés en vingt ans d'engagement politique ne sont jamais loin ; et pas davantage leur voix, leur sourire, leur colère, leur regard, comme celui injecté de sang de ce producteur de lait qui m'avait menacé du poing, au salon de l'élevage de Rennes, en hurlant : « À mort le ministre ! À mort ! », et que j'avais retrouvé des semaines plus tard avec d'autres exploitants autour d'un verre de vin blanc, dans une ferme normande près de Lisieux, le visage détruit, des poches comme des outres sous les yeux, les joues bleuies et marbrées. Il faisait un froid humide, l'air sentait la pomme et le purin. Il buvait en inclinant la tête vers son verre, comme s'il avait honte : « Ah, je m'en veux, monsieur le ministre ! Si vous saviez comme je m'en veux. J'étais pas bien ce jour-là. »

Saint-Simon prétendait avoir tendu au siècle de Louis XIV un « miroir de vérité ». En réalité, son récit au long cours est truffé de mensonges, d'approximations, de rencontres qui n'ont jamais eu lieu, d'obsessions maladives, tout y est trahi et tout y est plus juste que nulle part ailleurs, par la seule force des caractères et du récit. Rien ne donne autant le vertige que le portrait insondable du duc de Noailles, ennemi juré de Saint-Simon, qui se ferme sur ce jugement sans appel du dedans du duc : « Une profondeur sans fond. » Dans les pages qui suivent mon « miroir de vérité » a ses défauts, mais il vit.

La fin de ces *Mémoires provisoires* viendra un jour, plus tard, dans des circonstances différentes, probablement aussi dans des fonctions différentes, politiques ou non. Ici, il ne sera question que de tirer le bilan sommaire de ce que nous avons accompli durant ce quinquennat pour imaginer ce que pourrait être le quinquennat suivant. Mon intention est claire : soutenir la réélection du président de la République avec lequel je travaille en bonne intelligence depuis près de cinq ans. Mon écriture sera celle d'un ministre autant que d'un homme, car les deux se confondent, la dureté nécessaire de l'un et la fragilité de l'autre.

Je ne témoigne plus : je livre un combat. Je défends nos choix, je tire les leçons de nos erreurs, car nous en faisons tous, et je porte les convictions qui sont les miennes depuis des années et que mes fonctions successives ont renforcées. Je les livre avec honnêteté et avec humilité : ce ne sont pas des solutions toutes faites, encore moins un programme, que seuls des candidats ont la légitimité de construire et de porter. Certaines propositions sont abouties, d'autres ne sont que des ébauches, ou des interrogations face à des défis nouveaux auxquels je ne sais pas encore apporter de réponse. Aucune certitude ne devrait habiter un responsable politique.

Je ne suis candidat à rien, par conséquent je suis libre.

Qui du reste pourrait se taire quand notre nation, comme toutes les nations occidentales, mais sans doute davantage encore la France en raison de ses aspirations universelles, se trouve plongée dans un tel désarroi ? À ceux qui critiqueront le ministre écrivain, je réponds que dans ces temps où la confusion des esprits est reine, où une polémique chasse l'autre, où le bruit étouffe la parole et la folie la raison, le silence, la réflexion, la solitude ne sont pas de mauvais conseil. Il faut apprendre à se retirer en soi, jusque dans le pouvoir ; toutes les falaises écrasées de soleil ont leurs replis d'ombre.

Emmanuel Macron me semble donc le mieux à même de conduire le quinquennat qui débutera dans moins de six mois désormais. Au milieu des épreuves, sans doute les plus dures qu'un président de la République ait eu à affronter depuis quinze ans, en raison de la crise de régime larvée qui secoue notre République, il a montré qu'il en avait les capacités. Il a l'expérience nécessaire ; il a gardé intacte son énergie ; et il se fait de sa fonction l'idée élevée que nous devrions tous nous en faire, si nous conservions un minimum de respect pour notre République.

On lui reproche parfois son arrogance : je n'en ai jamais vu de trace chez lui. Au contraire, il est dans le travail quotidien d'une grande simplicité. Le reproche vient de ceux avec qui il a coupé le contact, ou qui n'ont pas obtenu de lui ce qu'ils espéraient ; il est à proportion de sa jeunesse, qui est exceptionnelle dans son poste. Mais n'est-ce pas ce renouvellement que la France attendait ? On critique sa solitude : sans doute est-elle dans son caractère, elle est aussi partie de sa fonction. La gouvernance politique dont il a hérité, et qui doit selon moi être revue de fond en comble, ne fait que la renforcer, en détachant le pouvoir politique du réel. En somme, on attaque beaucoup son caractère, faute de trouver des angles suffisants contre son action et contre son bilan.

Ce livre est un livre d'engagement. Il veut nourrir le débat de fond qui a déserté depuis longtemps la scène nationale et qui pourtant, face aux bouleversements technologiques, climatiques, politiques que nous connaissons depuis le début des années 90, n'a jamais été aussi nécessaire. Pour revenir à Saint-Simon, « la convulsion est générale ».

Comment traiter cette « convulsion générale » dans laquelle nous sommes tous plongés et que la crise du Covid n'a fait qu'accentuer ?

Prenons la mesure des temps exceptionnels où nous sommes. Tout change ; tout bouge ; les rapports de force mondiaux ne sont plus les mêmes ; les frontières ont volé en éclats.

En 2001, nous partions la fleur au fusil livrer bataille en Afghanistan contre des forces obscurantistes, les talibans, dont nous avions découvert l'existence quelques semaines plus tôt, quand deux Boeing 757 étaient venus se fracasser sur les tours jumelles du World Trade Center. Nous nous repassions les images en boucle, un premier impact dans le ciel limpide de Manhattan, les bulles de feu orange et bleu et immédiatement un panache de fumée grasse qui se traînait comme un voile de deuil à l'embouchure de l'Hudson, avant qu'un autre avion, arrivé légèrement de biais, percute la seconde tour. À neuf heures trente, les deux tours, qui étincelaient auparavant au soleil, étaient devenues deux cheminées d'usine titubantes, sur le point de s'écrouler. Nos consciences criaient vengeance. Nous mâchions et nous remâchions la cendre de l'amertume dans notre bouche. Et puis quoi ? En une expédition, nos forces armées allaient exterminer ces terroristes accroupis au seuil de leurs grottes, enturbannés de noir, le Coran dans une main, la Kalachnikov dans l'autre. Y avait-il place pour la moindre objection ? Non. Travaillant à l'époque pour Jacques Chirac, j'aurais été révolté qu'il n'engage pas les troupes françaises sur le terrain, pour faire justice, en réalité pour nous venger. Il avait été le premier chef d'État à survoler les quartiers de New York en cendres ; nous en étions fiers. Ce jour-là, dans son attitude, dans ses mots, dans son silence et jusque dans cette main noueuse en contre-jour dans l'hélicoptère, Jacques Chirac avait été français, infiniment français.

Vingt ans plus tard, nous assistons impuissants au retour en force des talibans à Kaboul et les questions se pressent par dizaines : que s'est-il passé durant toutes ces années ? Comment nos armées ont-elles pu être défaites par des mollahs en sandales et des gosses armés de lance-roquettes réparés au ruban adhésif ? Pourquoi nos quatre-vingt-dix soldats sont-ils morts ? Au nom de quoi, sinon la liberté ? Dans un éternel et tragique recommencement, nous repartons de zéro. Comment la politique et les valeurs occidentales n'en sortiraient-elles pas abîmées ? Je revois le jeune diplomate de trente-deux ans qui servait à l'époque et qui était moi ; il est devenu un élu qui regarde par-dessus son épaule le temps écoulé, les jours et les nuits de travail, les notes, les télégrammes, les discours, et rien ne le console de ce drame, même pas le fait que Jacques Chirac et Dominique de Villepin aient eu alors la lucidité de dire que la démocratie ne s'impose pas par la force, car à quoi bon avoir eu raison si nos valeurs sont à terre.

Même notre rapport à la réalité a été bouleversé. Il a connu un choc plus profond encore que celui des contemporains de Gutenberg, quand l'invention de l'imprimerie leur donnait accès à un savoir jalousement gardé par les savants, les puissants, les clercs.

Si j'avais écrit ce livre au début de ma vie politique, en 2002, je n'aurais pas eu accès aux mêmes informations, j'aurais dû passer des heures en bibliothèque ou me procurer des ouvrages spécialisés, peu de personnes auraient contesté mes constats, mes fonctions auraient donné à mes propos une autorité qu'ils n'ont plus désormais. Chacun croit tout savoir mieux que son voisin, quels que soient sa formation, sa pratique, son métier et personne ne pourra revenir sur cet état de fait. Si je l'avais écrit au moment de mes études, avant que Tim Berners-Lee, un Britannique travaillant au CERN de Genève, ne crée le World Wide Web, j'aurais été confronté à des difficultés pratiques plus grandes encore, si grandes que ce livre n'aurait sans doute pas vu le jour.

La révolution technologique qui se poursuit à une vitesse accélérée, contrairement à toutes les révolutions technologiques qui ont précédé, y compris l'invention de l'imprimerie, ne modifie pas seulement notre accès au savoir : elle concurrence les États ; elle transforme la création de valeur en faisant des données le nouvel or économique ; elle affaiblit les démocraties ; elle fait remonter des profondeurs à la surface la notion de vérité qui, du coup, vacille à la première secousse, elle affecte nos consciences.

La révolution technologique en cours est aussi une révolution mentale.

Face à cette révolution, les responsables politiques actuels paraissent pour la plupart encore plus démunis que les représentants de l'Ancien Régime face à la horde des sans-culottes. Ils ne comprennent pas ce qui leur arrive ; ils campent sur leurs certitudes ; ils font assaut de proclamations aussi grandiloquentes que dérisoires, sur la république, sur la démocratie, sur le vote, pour ne pas reconnaître une chose simple : ils sont dépassés. Je suis toujours stupéfait de lire autant d'interviews politiques qui refusent obstinément d'aborder la question des technologies numériques et de leurs maîtres, les géants du numérique. Tout se passe comme si les responsables politiques vivaient encore au XXe siècle dans un monde qui a basculé brutalement dans le XXIe. Jeff Bezos, ancien patron d'Amazon et créateur du lanceur spatial Blue Origin, devant qui je reconnaissais que nous accusions du retard sur lui et sur les autres milliardaires qui jouent avec nos consciences, nos rêves, nos désirs, nos envies, avait éclaté de son rire sonore avant de me répondre : « *You are not late, you are out !* »

Dans ce nouveau paysage mental que dessinent les géants du numérique, la vérité politique vacille, toute vérité vacille. Et comment faire fonctionner la démocratie hors de la vérité ? Pour des milliards de personnes à travers la planète, la vérité est restreinte au quotidien par les régimes autoritaires auxquels ils sont soumis. Pour nous, Occidentaux, elle est menacée de manière plus insidieuse encore, par une promesse de liberté totale, qui émanciperait enfin le peuple des vérités imposées par les élites. Les réseaux sociaux, c'est la nouvelle liberté contre la vérité de jadis ; une liberté sans frein, contre la vérité trafiquée par les États, les banques, les politiques, les journalistes derrière leur pupitre, les professeurs devant leur tableau noir, les médecins en blouse, tous accoutrés pour mieux dissimuler leurs mensonges. Sur les pancartes des opposants au pass sanitaire de l'été 2021, on pouvait lire : « Liberté absolue ! Halte au totalitarisme ! » Dans leur ivresse de liberté sans limite, ils oubliaient que personne ne leur avait interdit de se promener dans les rues avec leur pancarte. Aucune attache, aucune norme, un dérèglement absolu de tous les savoirs. Les réseaux sociaux nous promettent la célébrité et un destin, ils assurent nous rendre plus savants que le docteur, le chercheur, le médecin ou le professeur, ils nous donnent enfin ce à quoi nous aspirons tous, mais sans mérite, sans travail, sans effort : la reconnaissance.

Notre capacité à défendre la vérité et une liberté responsable face à la domination digitale conditionne tout, y compris la survie de la politique. De la maîtrise de cette servitude nouvelle ou de son emballement dépendent la qualité de nos relations humaines, l'unité de nos sociétés, la crédibilité des démocraties occidentales face à la montée en puissance des régimes autoritaires. Retenons la prophétie du philosophe Clément Rosset, si éclairante : « L'homme peut toujours constituer une proie facile : car, tandis qu'il se garde ici, il y aura toujours un millier de là par où le prendre[1]. » Les géants du numérique sont ces « là » qui nous prennent par surprise ; ils sont la possibilité du mensonge contre l'impératif catégorique de la vérité ; ils collent sur le monde une autre réalité, comme une pellicule transparente.

Devant cette révolution, le courage reste une vertu politique décisive. La France et Emmanuel Macron n'en ont pas manqué quand ils ont engagé la bataille pour la taxation des GAFAM[2]. L'Union européenne non plus, en mettant à l'amende certains de ces géants, en jetant les bases d'une régulation par le droit et en luttant contre les contenus en ligne haineux.

Pourtant, après vingt années de vie politique, je vois désormais une vertu plus essentielle encore que le courage, sans laquelle la politique n'a aucune chance de parvenir à retrouver sa crédibilité : l'écoute. Si je me retourne sur ces vingt ans d'exercice du pouvoir, en cabinet, au parlement ou dans des fonctions ministérielles, si je ne devais retenir qu'une seule chose, qu'un seul bien, qu'une seule qualité, je dirais : l'écoute. L'écoute brise la solitude, retisse les liens humains que les technologies dénouent, apaise les tensions, rétablit chacun dans sa dignité, apprend à comprendre. Elle vaut pour Annie comme pour tous les citoyens.

1. Clément Rosset, *Le Réel et son double*, Gallimard, 1976.

2. Acronyme de Google, Apple, Facebook, Amazon, Microsoft, auquel nous pourrions ajouter les géants chinois en cours de développement.

Si je vois de nombreuses manières pour une démocratie de mourir, la plus certaine est la solitude. Quand chacun ne se sent plus écouté, chacun se replie sur soi, tombe dans la solitude, pour certains dans la violence, qui est la forme désespérée de la solitude, avant de finalement abandonner le bien commun. Et comment pourrait-on concevoir une démocratie sans bien commun ? On peut comprendre le mouvement des gilets jaunes, qui resteront le principal événement politique du quinquennat passé, comme une réaction contre la monarchie technocratique, un appel à plus de dignité dans le travail, une tentative de renouer des liens distendus dans notre société, un appel confus mais sincère à un autre monde ; on peut aussi dire autrement : les gilets jaunes auront été une révolte contre la solitude.

En cinq ans, nous avons fait beaucoup. Prenons pour les cinq années à venir la liberté de faire davantage.

PREMIÈRE PARTIE

Hier, maintenant et demain

Pour commencer, retournons-nous sur hier : on ne peut pas prétendre à un bail supplémentaire sans avoir fait l'état des lieux du précédent.

Le bilan de sa propre action, même dans des domaines où les chiffres peuvent aider, comme l'économie et les finances, est un exercice toujours difficile. On ne veut pas dévaloriser le travail collectif qui a été fourni, on ne doit pas céder non plus à la satisfaction. Pour ce qui est des critiques, je fais confiance à nos opposants politiques, aux organismes de recherche indépendants, aux chercheurs, aux institutions internationales pour faire le nécessaire. Les oppositions mises à part, ils rendront un jugement moins biaisé que le mien, moins incarné aussi. Tout ce dont je témoigne a été vécu ; tout ce dont je tire de la fierté a été un motif de joie sincère, parce que la nation réussissait ; tout ce que je regrette me pèse.

Dans les pages qui suivent, je veux donc sonder hier pour mieux construire demain.

Cet exercice me conduit à deux conclusions immédiates.

La première, sans grande surprise : il me semble honnêtement que nous avons tenu sans faillir les promesses économiques du candidat Emmanuel Macron. Ce qui avait été promis a été fait, avant la crise comme pendant la crise. Nous avons maintenu nos grandes orientations. Nous en avons tiré de bons résultats : croissance en hausse, réindustrialisation en cours, chômage maîtrisé.

La deuxième conclusion surprendra davantage : nos échecs ou nos déceptions, notre incapacité parfois à mener à bien des réformes importantes tiennent avant tout à un problème structurel de gouvernance politique. Par conséquent, la transformation en profondeur de la gouvernance en France, accompagnée d'une redéfinition du rôle de l'État, est un préalable nécessaire à un nouveau quinquennat. Je dirais même : une condition de son succès.

1

L'heure du bilan

Tout finit toujours trop tôt ; un quinquennat n'échappe pas à la règle. Sa fin est comme la mort de la fable : « pressante et sans réplique ». Alors il ne reste plus qu'à compter les médailles, faire la somme de ce qui a été réalisé, reconnaître ce qui a été manqué et se répéter : « *Things without all remedy should be without regard : what's done is done*[1]. » Ce que Nicolas Sarkozy formulait autrement, en début de mandat : « Tout passera toujours plus vite que ce que vous pensez. Tu sais, vous serez à la fin quand vous penserez que vous êtes encore au début. »

1. Shakespeare, *Macbeth*, III, 2 : « Ce qui est sans remède devrait être oublié ; ce qui est fait est fait. »

Gestion de crise

À la fin, ou quand nous approchions de la fin et que nous entendions relancer des réformes stoppées net par la crise des gilets jaunes, nous avons été confrontés à la crise économique la plus grave que le monde ait eu à subir depuis 1929. Contrairement à la crise de 2008, elle touchait l'économie réelle : sans intervention immédiate, des dizaines de milliers de PME mettaient la clé sous la porte, les restaurateurs tiraient le rideau, des géants industriels s'effondraient, entraînant dans leur chute des compétences, des savoir-faire, des technologies, des chaînes de production que la France avait mis des décennies à construire. L'arrêt total de l'activité en mars 2020 aurait pu signifier l'arrêt de mort de pans entiers de notre économie, entraînant une montée brutale du chômage, dont les conséquences sociales et politiques auraient été incalculables.

Il n'en a rien été.

Il n'en a rien été parce que, à la demande du président de la République, nous avons en quelques semaines déployé un arsenal de réponses qui couvrait à peu près tous les cas de figure auxquels les salariés et les entreprises pouvaient être confrontés : prêts garantis par l'État pour les PME et les grands groupes à court de trésorerie, activité partielle pour éviter les pertes de compétences, fonds de solidarité pour les petits commerçants et les indépendants, reports ou annulations de charges sociales pour les employeurs privés de rentrées d'argent. Pour chacune de ces mesures, avec mon directeur de cabinet, Emmanuel Moulin, nous avons fait le choix de la simplicité. Entre le risque que cette simplicité crée un effet d'aubaine et le risque que la rigueur administrative bloque les indemnisations, nous avons pris le premier. Ce choix nous a sans doute évité une explosion de colère sociale qui aurait été un handicap pour la nation tout entière. Pour une fois, l'administration française n'a pas multiplié les conditions, les règles, les obstacles. Elle a fait vite ; elle a fait massif ; du coup, elle a fait efficace.

En visite dans une direction départementale des Finances publiques à Limoges, accompagné par le maire Émile Roger Lombertie, à qui je dois les meilleurs conseils personnels au lendemain de mon échec à la primaire, je m'interrogeai devant une dizaine d'agents sur l'opportunité de réduire les aides financières, par exemple de baisser le plafond du fonds de solidarité. Un de ces agents, qui sautillait sur place, me prit à part : « Venez voir, monsieur le ministre, venez voir ! » Il devait mesurer à peine un mètre soixante, je le dépassais de deux têtes, il était fin et sec, le crâne dégarni et tout le corps pris dans une agitation perpétuelle, qui le faisait tourner autour des bureaux de ses collègues comme une toupie. « Venez voir ! » Il me tira par la manche, m'entraîna dans un coin de la pièce, où avait été placardé un poster de Lance Armstrong en plein effort, le visage hagard, les joues creusées, une giclée d'eau aux lèvres, jaillie du bidon blanc que sa main droite brandissait au-dessus de sa tête comme un sceptre de plastique, la main gauche crispée sur le guidon. Tout d'un coup très grave, l'agent me dit : « Monsieur le ministre, ce n'est pas en plein effort qu'on retire les bidons. » Pivotant d'un quart de tour, il me tira à nouveau par la manche, fit un petit saut de quelques centimètres comme pour se remettre droit : « Et encore, lui, il se dopait ! »

De cet agent de Limoges aux ministres des Finances du G7, nous avons tous été d'accord pour ne pas répéter les erreurs de la crise de 2008 et apporter une réponse immédiate, massive et concrète à nos économies. Seize mois plus tard, au moment où j'écris ces lignes, l'activité redémarre, les faillites sont au plus bas, le chômage recule. L'État n'est pas nécessairement le meilleur des gestionnaires ; il a des progrès à faire en matière de simplification de ses procédures ; il doit certainement se retirer du capital de certaines entreprises ; sur beaucoup de ses autres compétences, il a failli ; mais au moins, tout au long de 2020 et 2021, il aura apporté la preuve de sa capacité à protéger la nation contre la violence des réalités économiques. Sans conteste, il a été un bouclier efficace. Par conséquent, ceux qui le représentaient, son chef en premier lieu, mais aussi chacun de ses agents dans les domaines économique et financier, peuvent être légitimement fiers de ce qu'ils ont accompli. De ce point de vue, ces deux années 2020 et 2021 auront entraîné la mort subite des critiques contre la puissance publique et le renversement de trente ans de doctrine inspirée par Ronald Reagan, disciple de Frédéric

Bastiat : « *In this present crisis, government is not the solution to our problem ; government is the problem*[1]. » À cette déclaration du 20 janvier 1981, nous pouvons maintenant répondre : « Dans la crise actuelle, l'État n'a pas été le problème ; il a été la solution. »

Pour être tout à fait juste, il a pu être la solution pour trois raisons complémentaires, qui ont fait défaut dans d'autres domaines d'action.

La première : les salariés, les indépendants, les représentants des filières, les acteurs économiques, consultés au jour le jour, tous ont joué le jeu. De la grande distribution, qui a maintenu ses magasins ouverts quand personne ne connaissait bien le virus du Covid ni ses conséquences de long terme sur la santé, aux agents de caisse protégés par des barrières en plexiglas dressées à la hâte, des transporteurs routiers, qui approvisionnaient les stocks, aux banques de réseau, qui distribuaient les prêts garantis, des agriculteurs, qui continuaient à produire, aux entreprises du bâtiment qui rapidement ont mis en place des protocoles sanitaires sur leurs chantiers, aucun n'a manqué à l'appel.

L'État est opérationnel quand il est à l'écoute, quand il mobilise au lieu d'imposer, quand il corrige ses erreurs au fur et à mesure de son action, quand il valorise plutôt que de pointer du doigt. Alors que je redoutais comme la peste une pénurie alimentaire dans les étals de la grande distribution,

1. « Dans cette crise, l'État n'est pas la solution à nos problèmes ; l'État est le problème. »

Michel-Édouard Leclerc, avec qui j'échangeais régulièrement par sms, m'avait répondu : « Laissez-nous faire notre travail, faites le vôtre, il y aura à manger dans les rayons. »

Deuxième raison : toutes les nations européennes, pour la première fois de leur histoire, et plus largement toutes les nations du G20, mais avec des instruments différents, ont adopté la même stratégie de protection de leur économie. Aucun chef d'État ou de gouvernement, à l'exception de Jair Bolsonaro au Brésil, avec les résultats qu'on sait, ne s'est amusé à dire : « Laissons faire. » Ce choix collectif, concerté dans le cadre du G20, a eu l'immense mérite d'éviter dans un premier temps un effondrement général de l'économie mondiale et d'accélérer dans un second la relance. Comme toujours, les problèmes sont venus d'où on ne les attendait pas : au niveau national, ce ne sont pas les faillites en cascade et l'explosion du chômage qui posent désormais des difficultés dans la reprise, mais la pénurie de main-d'œuvre et le coût des matières premières, que personne n'avait anticipé ; au niveau international, la vigueur de la reprise surprend tous les observateurs, mais le plus grand risque désormais est celui d'une grande divergence entre les pays qui ont pu soutenir leur économie et ceux qui n'en tout simplement pas eu les moyens ; j'y reviendrai.

Troisième raison, qui devrait clore la dispute sur la pertinence de la monnaie commune européenne : l'euro nous a sauvés. La politique monétaire accommodante menée par Christine Lagarde à la tête de la BCE [1] nous a permis d'emprunter de l'argent à des taux très bas et de financer sans encombre notre réponse à la crise. D'une certaine façon, l'Allemagne a payé en 2020 la dette qu'elle avait contractée en janvier 1999, quand le choix des parités des taux de change avait avantagé les exportations allemandes. Juste retour des choses, l'accord historique conclu entre la chancelière Angela Merkel et le président de la République Emmanuel Macron sur une émission de dette commune a donné sa force et sa crédibilité au « quoi qu'il en coûte ».

À ce titre, je voudrais rendre hommage non seulement à la chancelière allemande pour son courage, mais aussi à son ministre des Finances, Olaf Scholz, pour la persévérance avec laquelle il a défendu, pendant des nuits entières de négociation, cette idée de dette commune. Elle heurtait les esprits à Berlin ; elle faisait voler un des dogmes essentiels de la Bundesbank ; elle prenait à revers des alliés traditionnels du gouvernement allemand, en particulier les Pays-Bas ou l'Autriche. Pourtant, jamais Olaf Scholz, tout au long de ses négociations nocturnes au couteau, où le ton est parfois monté très haut, ne m'a laissé tomber. Il aurait suffi d'un veto de sa part pour que tout l'édifice financier de la protection économique et de la relance s'écroule comme un château de cartes : il ne l'a jamais prononcé. Pendant nos échanges, je ne pouvais m'empêcher de penser à l'avertissement de Wolfgang Schäuble lors de mon

1. Banque centrale européenne.

premier déplacement à Berlin, alors que nous nous apprêtions à prendre la parole sur une estrade dressée dans la salle de presse du ministère des Finances, devant une cinquantaine de journalistes : « Nous pouvons parler de ce que tu veux, mais pas de dette en commun. » Quatre ans plus tard, son successeur donnait son blanc-seing non seulement au nom, mais à la chose.

L'histoire se fait dans les crises, l'histoire européenne, dont le cours est parfois si lent, davantage encore que les autres.

Olaf Scholz, la chancelière, les conseillers du gouvernement allemand ont su travailler en parfaite intelligence avec le gouvernement français et avec le président de la République qui, de son côté, n'a pas ménagé sa peine pour faire aboutir ce projet de dette commune. Deux nations sorties de cent ans de guerre et de conflit ont à ce moment dépassé la seule rhétorique de la paix pour bâtir un mécanisme de sauvetage des économies européennes, assurant le salut des peuples européens. Qu'aurait pu l'État français sans le secours de cette solidarité financière ?

Quitte à enfoncer les portes ouvertes, rappelons que les grands succès politiques sont toujours collectifs.

Nachlass

Nachlass est un mot allemand qui ne se traduit pas. Il signifie à peu près : ce qu'on laisse derrière soi. Il dit exactement, mieux que ne pourrait le dire un mot français, dans sa sonorité, dans sa brièveté, ce que je ressens après plus de quatre ans au poste de ministre de l'Économie et des Finances. Nous laissons derrière nous quelque chose, avec la majorité, avec mes équipes.

Mais quoi ?

Si nous embrassons l'ensemble du quinquennat, avant que n'éclate la crise du Covid, je mettrais trois grandes réalisations à notre crédit : la transformation de la fiscalité nationale et internationale, la reconquête industrielle et la refondation du capitalisme. Libre à chacun de les contester, en fonction de ses convictions et de sa vision de la nation. Elles préparent en tout cas le basculement définitif de la France dans le camp des vainqueurs économiques du XXIe siècle ; elles sont nos fondations pour demain.

La transformation de notre fiscalité, conformément aux engagements pris par Emmanuel Macron dans sa campagne de 2017, aura été le combat le plus difficile à livrer. La fiscalité, passion française dérivée de notre passion de l'égalité, est toujours un sujet de controverse. Le consensus ne se fait que sur l'augmentation des impôts des plus riches, qui nous évite de réfléchir à un défi autrement plus difficile à relever, l'augmentation de notre richesse nationale. Toujours est-il que dans les premiers mois du quinquennat, nous avons remplacé l'impôt sur la fortune par un impôt plus juste sur la fortune immobilière, par laquelle s'accroissent les écarts de patrimoine entre les citoyens ; nous avons engagé la baisse de l'impôt sur les sociétés, pour le faire revenir dans la moyenne des grands pays développés : 25 % ; et nous avons mis en place un prélèvement forfaitaire unique à 30 % sur les valeurs mobilières, pour encourager le financement de notre économie, qui souffrait d'une fiscalité du capital décourageante. Ces décisions ont été accompagnées par la suite de la baisse la plus importante depuis vingt ans des impôts des ménages, avec la suppression de la taxe d'habitation et la baisse de l'impôt sur le revenu, qui a bénéficié principalement aux ménages imposables les plus modestes – nous dirions en langage de la direction générale des Finances publiques : les ménages des premiers déciles.

À la demande des parlementaires, nous avons mis en place un comité de suivi qui fera le travail d'évaluation de ces mesures en toute indépendance. Ma conviction est que cette réduction globale des impôts des entreprises comme des ménages dans une nation où le taux de prélèvement obligatoire reste le plus élevé de toutes les nations de l'OCDE était impérative, qu'elle a libéré les investissements, soutenu la consommation, alimenté le financement des PME. Si nous avions reculé devant ces mesures, qui ont valu au président de la République un procès aussi infondé que facile sur le « président des riches », nous aurions continué à appauvrir la France. À l'inverse, grâce à ces choix fiscaux, nous avons commencé à retrouver une prospérité collective.

Cette révolution fiscale nationale s'est doublée d'un combat acharné pour une fiscalité internationale plus juste. Je ne reviens pas sur ces quatre années durant lesquelles la France a porté, souvent seule, parfois contre l'hostilité de ses partenaires les plus proches, le double projet de taxation minimale à l'impôt sur les sociétés et de taxation des géants du digital.

Je rappelle juste les faits : beaucoup de multinationales pouvaient réduire leur impôt sur les sociétés en délocalisant leurs bénéfices du lieu où elles les réalisaient, par exemple la France, vers des États qui offraient des niveaux d'imposition plus faibles, par exemple l'Irlande. Quand l'accord que nous avons conclu au G7 de Londres et au G20 de Venise à l'été 2021 sera mis en place, sans doute pas avant 2023, elles ne le pourront plus : nous aurons mis fin à la course au moins-disant fiscal ; nous aurons rétabli une équité fiscale en Europe et dans le monde. Par ailleurs, les géants du numérique échappaient jusqu'à présent largement à l'impôt en raison du caractère dématérialisé de leurs activités : pas de présence physique, donc pas de base taxable, donc pas de contribution dans les pays de marché. Par un renversement de valeurs inacceptable, ces géants voyaient exploser leurs profits, en raison du développement du numérique, et stagner leurs impôts, en raison de notre incapacité technique à les comptabiliser et à les répartir nation par nation. Le même accord international que nous avons conclu prévoit un mécanisme de taxation des surprofits qui mettra fin à cette injustice : le produit de cette taxe sera réparti pays par pays, en fonction du niveau d'activité ; les géants du digital seront donc soumis au même impôt, sur une base internationale.

Les obstacles sur la route de la mise en application de cet accord ne sont pas encore tous levés, notamment au Sénat américain. Il n'est donc pas question de baisser la garde. Contrairement aux révolutions politiques, les révolutions fiscales, en raison des enjeux financiers qui se chiffrent en dizaine de milliards d'euros, ne se produisent pas subitement. Elles sont une œuvre de longue haleine. Elles demandent de la patience et une détermination sans faille. C'est la fatigue des gouvernements qui les fait échouer le plus souvent, combinée à la défense des intérêts particuliers ; c'est la volonté politique qui les fait aboutir, nourrie de l'intérêt général. Il est toujours meilleur d'entendre Janet Yellen, la secrétaire américaine au Trésor, vous dire en marge du G20 de Venise, dans un des boxes aménagés dans les longs bâtiments en brique de l'arsenal : « *We will fix it*[1] », que d'entendre Donald Trump répéter en boucle, le doigt pointé sur son interlocuteur : « *Never ! Are you listening to me ? Never*[2] *!* »

Quelques mois après cette interpellation de Donald Trump, en septembre 2021, deux sénateurs américains républicains que je recevais à Cernobbio, en marge du forum économique Ambrosetti, me dirent : « *We will do whatever is possible to block this digital taxation*[3]. » L'un avait une petite quarantaine, il était élu du Nebraska, l'autre soixante ans environ. Ils portaient tous les deux des polos rayés bleu et blanc, soigneusement enfoncés dans des

1. « Nous allons arranger cela. »
2. « Jamais ! Vous entendez ? Jamais ! »
3. « Nous ferons tout ce qui sera possible pour bloquer cette taxation digitale. »

pantalons de toile beige, ils étaient assis dans des fauteuils en acier que des coussins de toile rouge cardinal rendaient plus confortables, les jambes croisées, attentifs et modérés dans leurs propos, mais déterminés à faire échouer le projet de taxation internationale : de quoi se mêlait l'OCDE ? Le Sénat américain était souverain et ne se laisserait pas imposer de nouvelles règles fiscales. Les deux avaient voté la destitution de Donald Trump au lendemain des événements du Capitole ; on ne pouvait pas leur reprocher un quelconque extrémisme. Ils étaient contre, rien ne les ferait changer d'avis. Je me dis que nous n'étions pas encore au bout de nos peines.

Ces cinq années de réduction des impôts nationaux et de mise en place d'un nouveau système de taxation international illustrent ce que la politique a de plus difficile désormais, mais aussi de plus important : la nécessité absolue dans laquelle nous placent les nouvelles technologies de changer notre mode de pensée pour prendre la mesure des vrais défis, plutôt que de ressasser sans cesse les mêmes idées, voire les mêmes obsessions. La hausse des impôts en France est une impasse, à laquelle se résignent tous ceux qui n'ont pas fait l'effort de penser le monde actuel et continuent de vivre dans le monde d'hier. La taxation de ceux qui réalisent des profits vertigineux en exploitant les failles de la fiscalité internationale et la dématérialisation de leurs activités est une route autrement plus escarpée, mais autrement plus ambitieuse.

Ces orientations fiscales nous permettent de mettre aussi à notre crédit une deuxième réalisation, qui reste en chantier mais dont les premiers résultats commencent à se faire sentir : la reconquête industrielle. Pourquoi ? Tout simplement parce qu'il ne peut pas y avoir de reconquête industrielle si nous partons avec des boulets aux pieds, notamment des coûts de production trop élevés. Une partie du chemin avait été faite au cours des deux précédents quinquennats, avec la baisse des charges sur les bas salaires et la mise en place du crédit impôt compétitivité. Nous avons maintenu ces orientations et nous les avons même simplifiées en transformant le crédit d'impôt en allègement de charges définitif. Nous avons également engagé au 1er janvier 2021 la baisse des impôts de production, de quatre à sept fois plus élevés que chez nos principaux partenaires européens, Allemagne en tête.

Cette réduction du coût de la production en France règle une partie des difficultés de notre industrie, mais une partie seulement. Le mal est plus profond. Trente années de désindustrialisation ne se soldent pas uniquement par des mesures fiscales. Ces trente années, qui ont divisé par deux la part de l'industrie dans la richesse de la France, peuvent se résumer en un mot : une capitulation collective. Tous, collectivement, les élites politiques et économiques les premières, nous avons abandonné notre outil de production ; nous avons refusé de prendre les mesures financières nécessaires, de réduire le niveau des impôts locaux, de lancer les formations, de défendre les compétences indispensables à la montée en gamme de notre industrie ; nous avons laissé partir des pans entiers de notre industrie automobile en reculant devant les restructurations nécessaires ; nous avons cédé aux peurs et aux approximations des adversaires du nucléaire ; nous avons jugé dépassées certaines filières comme le textile ou l'électroménager, sans nous donner la peine d'en créer de nouvelles ; et nous avons habillé tout cela du doux mot de « *fabless industry* », l'industrie sans usines, qui nous promettait le meilleur des mondes : la conception en France, la réalisation à l'étranger. Résultat : nous nous sommes vidés de notre sang industriel. Était-ce inéluctable ? Les exemples italien et allemand montrent que non. Est-ce réversible ? La création de nouveaux emplois industriels en France en 2019 pour la première fois depuis dix ans montrent que non. Nous sommes dans la voie de la reconquête industrielle ; nous ne devons plus rien lâcher de cette ambition, dont dépendent à la fois la puissance économique de la France, les emplois et la préservation de notre culture.

Je ne peux pas me souvenir de son visage, il était entièrement caché par une cagoule de protection ignifugée, couleur métal argenté, qui le faisait ressembler à un pénitent dans les flammes de l'enfer, en l'espèce les flammes de l'aciérie d'Ascoval, dans le nord de la France. Mais ses mots, je les entends encore, et aussi sa voix, grave, rauque, une voix de fumeur, qui me disait : « Votre place, monsieur le ministre, elle est pas ici. Vous allez nous laisser tomber, comme les autres. On va fermer. On va fermer et on va crever ! Ce sera votre faute. Vous croyez pas en nous. Vous croyez pas dans les aciéries et personne croit dans les aciéries. Nous on est fiers de ce qu'on fait ici. On est fiers mais on est seuls. On va tenir combien de temps, hein ? On va tenir combien de temps, vous croyez ? » Aucun des arguments qui m'ont été avancés pour ne pas soutenir l'aciérie d'Ascoval, à Saint-Saulve dans le Nord, n'a pesé lourd face aux mots de cet ouvrier. Nous nous sommes mobilisés avec les syndicats et les élus locaux. Nous avons connu des revers, des déceptions, des moments d'enthousiasme et des moments de doute. Mais désormais cette aciérie se redresse ; son carnet de commandes est plein. Rien n'est définitivement gagné, mais au moins tout ne sera pas perdu par défaut de volonté. Début septembre 2021, des tables avaient été dressées dans l'aciérie pour fêter la reprise de son activité ; à la place, il y aurait pu avoir des grues de chantier, pour son démantèlement.

Comme pour la fiscalité, ces premiers pas dans la voie de la reconquête industrielle doivent pouvoir se démultiplier dans un cadre européen ou international. Plutôt que de dénoncer les dogmes de Bruxelles, souvent en vain, pour le seul plaisir de satisfaire un électorat qui refuse toute intégration européenne, il est préférable de faire évoluer ces dogmes, voire de les briser. Là aussi, la tâche est infiniment plus difficile, mais elle est aussi infiniment plus profitable, car en cas de victoire, elle nous donne des alliés, des renforts financiers, un marché plus vaste, des technologies plus pointues.

Pour gagner la bataille industrielle, nous avons donc aussi livré à Bruxelles la bataille idéologique contre le dogme de la concurrence libre et absolue.

De la concurrence ? Il en faut, elle est indispensable au succès économique. Une boulangerie de quartier fera toujours du meilleur pain si une autre boulangerie s'installe cent mètres plus loin, un constructeur automobile n'améliorera la sécurité de ses voitures que si ses concurrents le poussent à le faire. La concurrence oblige les entreprises à toujours faire mieux et à ne pas se reposer sur leurs lauriers, au bénéfice du client, donc de nous tous. Encore faut-il que cette concurrence soit équitable : elle ne l'est plus quand la Chine et les États-Unis subventionnent des pans entiers de leur économie alors que l'Europe, au nom du dogme de la concurrence libre et absolue, se refuse à le faire. Philippe Baptiste, que nous avons nommé à la tête du CNES[1], faisait ses calculs devant moi, au moment où nous travaillions à une stratégie européenne pour les lanceurs spatiaux : « SpaceX est totalement subventionné par la NASA. Je dirais à peu près 100 millions de dollars par satellite. Ensuite, SpaceX casse les prix sur les marchés étrangers, en proposant des lancements à 50 millions de dollars. Nous, avec Ariane, nous ne pouvons pas descendre sous les 70. Donc, première urgence : rétablir une concurrence équitable. Et comme les Américains ne vont pas arrêter de subventionner leurs lanceurs, il faut deux choses : une obligation européenne de lancement de nos satellites sur des lanceurs européens ; une autorisation à subventionner nos propres lanceurs. » L'accord franco-allemand sur les lanceurs, conclu à l'été 2021 après des

1. Centre national d'études spatiales.

dizaines d'allers et retours techniques entre Paris et Berlin, puis élargi à l'Italie, répond à ces deux défis.

En deux ans, avec mon homologue allemand Peter Altmaier, nous sommes arrivés à infléchir le dogme de la concurrence libre et absolue, que défendait jalousement la commissaire européenne Margrethe Vestager. Nos discussions à trois ont été animées. Elles ont aussi été fructueuses. Le « Manifeste pour une nouvelle politique industrielle européenne », que nous avons publié avec Peter en 2018, a fait bouger les lignes. La concurrence reste la règle. Mais désormais, les subventions publiques sont autorisées pour des chaînes de valeur nouvelles. Sans cette rupture, jamais nous n'aurions pu lancer la production en Europe de batteries électriques 100 % européennes. Le jour où sera posée la première pierre de l'usine de batteries de Stellantis dans l'usine de Douvrin, dans le Pas-de-Calais, il faudra se souvenir que cette pierre est un mélange de volonté politique nationale et de détermination européenne. Comme pour la fiscalité internationale, le combat ne fait que commencer. Les apôtres de la concurrence libre et absolue continuent de dominer la direction générale de la concurrence à Bruxelles, ils croient dans leur dogme, ils ont les instruments pour le faire appliquer, les relais politiques pour le défendre. Je n'aurai de cesse de dénoncer cette religion, qui a servi les consommateurs à court terme, mais affaibli pour longtemps l'industrie en Europe.

Un dernier mot enfin sur une des ambitions du quinquennat qui me tient le plus à cœur : la refondation du capitalisme. Les résultats sont moins tangibles que sur la fiscalité et sur la réindustrialisation. Les obstacles sont plus lourds à lever : on ne déplace pas cent cinquante ans de doctrine économique, une doctrine qui a mis à terre toutes les autres sans exception, en quelques mois ou en quelques années. Mais on peut fixer un cap nouveau, marquer des premières étapes sans reculer devant l'ampleur de la tâche ; nous l'avons fait.

Nous avons augmenté le nombre de salariés dans les conseils d'administration des grandes entreprises, nous avons pris des mesures pour la parité femmes-hommes et pour la transparence sur les écarts de salaire, nous avons libéré l'intéressement et la participation, facilité l'actionnariat salarié ; et pour résumer cette ambition nouvelle, qui vise à faire participer davantage l'entreprise à la vie de la cité, nous avons introduit dans le Code civil, sur la recommandation de Nicole Notat et de Jean-Dominique Senard, les notions de « raison d'être » des entreprises et de « société à mission ». L'article 1833 du Code civil est désormais complété par les mots suivants : « La société est gérée dans son intérêt social, en prenant en considération les enjeux sociaux et environnementaux de son activité. »

Cette volonté de refondation du capitalisme répond à une attente puissante de la majorité des populations dans le monde, qui refusent dans un même mouvement la montée des inégalités et la fragilisation de la planète. Mais surtout, elle est une des voies de réconciliation de la France avec son économie. Beaucoup de spécialistes croient découvrir la pierre philosophale quand ils stigmatisent le manque de culture économique des Français, leur aversion à la mondialisation, leur incompréhension du marché. Ils oublient que la France a aussi une vocation entrepreneuriale qui fait sa force. Ils ne font que découvrir un des traits de notre identité nationale, qui nous a souvent affaiblis, sous la monarchie absolue comme sous la République, pleines de réticences à l'égard des régimes libéraux.

Et si, au lieu d'accuser le peuple, nous essayions d'en tirer la meilleure part ? Si nous comprenions que derrière ces réticences se cache aussi une aspiration, peut-être confuse, certainement légitime, à une économie qui aurait retrouvé un sens politique ? Nous pouvons saisir ce moment de crise si particulier pour mettre la France en adéquation avec la vie économique du monde, non pas en imposant une adaptation à marche forcée, mais en conjuguant les réformes nécessaires et un projet politique de refondation du capitalisme. Nous pouvons donner tort, pour une fois, une seule fois, à Fernand Braudel, quand il affirmait de manière ironique, désabusée et lumineuse dans un de ses derniers entretiens : « Le capitalisme est avant tout, pour moi, une superstructure et cette superstructure ne réussit pas à discipliner le pays jusqu'à sa base. Tant mieux peut-être, ou tant pis, je n'en sais rien. Mais l'inadéquation de la France à la vie économique du monde est un des traits de son identité[1]. »

1. Fernand Braudel, entretien avec Michel Kajman, *Le Monde*, mars 1983.

Regrets

Je dis regrets, pas remords. Je dis que ces regrets sont vains si nous ne les utilisons pas comme carburant de notre détermination à nous améliorer. Mais je dis aussi que nous manquerons le prochain quinquennat si nous regardons uniquement ce que nous laissons, sans considération pour ce que nous avons manqué.

En début de mandat, la polémique sur les cinq euros d'APL a pu sembler dérisoire à certains. Pour ma part, je reconnais ne pas avoir vu venir le coup, qui aurait pu nous être fatal si nous n'avions pas corrigé le tir. Comme toute polémique, elle a été largement instrumentalisée pour construire l'image d'une majorité et d'un gouvernement déconnectés des réalités quotidiennes. Néanmoins, elle disait quelque chose de la relation complexe entre la vie des gens et la vie des gouvernants, et combien cette vie des gens, qui fonde notre légitimité, pouvait à un moment échapper aux gouvernants, animés des meilleures intentions du monde. À ce moment précis, les masques tombent, le couperet de la sentence avec : « Ils ne sont pas comme nous. »

Parmi la flopée de sms que je reçus au cours de cette polémique, la plupart des électeurs de ma circonscription, celui de Patricia Tolio me frappa le plus, parce que je ne pouvais en aucun cas la soupçonner de calcul ou d'arrière-pensée. Quand je la rencontrai pour la première fois, en 2007, Patricia était shampouineuse dans un salon de coiffure du quartier de la Madeleine, à Évreux. Elle s'était engagée dans ma campagne avec toute sa force de caractère et sa bonne humeur inaltérable, le sourire aux lèvres, une énergie inépuisable à dépenser. Donc Patricia, qui était une fidèle parmi les fidèles, m'écrivait simplement : « Mais comment vous avez pu nous prendre ces cinq euros ? » Et elle concluait son long message par cette question à laquelle tous les cours de finances publiques n'auraient pu donner de réponses satisfaisantes : « À quoi ça sert ? » Cette mesure coûtait donc à beaucoup et ne rapportait pas grand-chose à la fin : voilà ce que signifiait le message de Patricia qui, visiblement, devait être partagé par une large majorité de nos compatriotes. On ne gagne rien à penser petit, on gagne tout à jouer grand. Une réforme plus globale des APL aurait sans doute été mieux comprise. Quatre ans plus tard, Patricia devait m'alerter sur la situation de sa fille, qui avait reçu un chèque de vingt euros du ministère des Armées, à la suite de son service civique, mais qui ne pouvait pas l'encaisser parce qu'elle ne disposait que d'un compte Nickel. Elle précisait : « Cela ne te semble sans doute pas beaucoup, mais c'est une somme. Merci de ton aide. »

Un aveuglement similaire nous a conduits à sous-estimer la violence des réactions à la suite de la mise en place de la taxe carbone. Similaire, mais pas identique ; car cette fois, c'était moins la volonté de rétablir nos finances publiques qui était en cause, que la détermination à lutter contre le changement climatique, quel qu'en soit le prix. Et cette fois en revanche, le ministère des Finances avait averti du risque : « La concomitance de l'alignement de la fiscalité du diesel sur la fiscalité de l'essence et de la mise en place d'une taxe carbone est susceptible de réveiller le sentiment de ras-le-bol fiscal », indiquait une note de 2017 de la direction générale du Trésor. Pour autant, ni le Trésor ni le ministre n'auraient pu prévoir que ce sentiment se transformerait quelques semaines plus tard en mouvement social de masse. On ne peut jamais dire : « Quel qu'en soit le prix. » Ceux qui payent le prix demandent des compensations et, sans être indifférents à la fin des temps, pensent avant tout à la fin du mois.

Parmi les solutions iconoclastes que nous pourrions apporter à cette difficulté du financement de la transition écologique, dont le coût sera infiniment plus élevé sans doute que ce que nous imaginons déjà, je propose que le produit de toutes les taxes levées pour le climat soit intégralement reversé à la lutte contre le réchauffement climatique. Le ministère des Finances honnit les taxes affectées. Mais en l'espèce, n'est-ce pas le seul moyen de rendre lisible et acceptable notre politique environnementale ?

Au chapitre de nos échecs, je citerai également la réforme des retraites, sur laquelle je me suis longuement exprimé dans *L'Ange et la Bête* ; je ne m'étendrai donc pas sur le sujet. Disons simplement qu'à vouloir multiplier les objectifs, aussi louables soient-ils, on court le risque de n'en atteindre aucun. Rétablir l'équilibre des comptes est une chose, simplifier les régimes de retraite par répartition une autre. Les deux sont nécessaires ; mais les deux ne pouvaient pas être atteints dans un calendrier parallèle.

Enfin, je garde un goût amer de la manière dont les oppositions ont bloqué le processus de privatisation d'ADP, qui avait été voté par la majorité après un long débat au parlement. J'entends, sans surprise, les mêmes élus du parti Les Républicains, qui avaient bloqué cette privatisation d'Aéroports de Paris par pur calcul politique, la réclamer désormais à cor et à cri, pour témoigner de leur courage à la veille de l'élection présidentielle. La cohérence ne les étouffe pas.

Non que cette privatisation me paraisse déterminante dans le bilan économique du quinquennat, mais parce qu'elle nous a empêchés par la suite de réfléchir sereinement à une question fondamentale, notamment pour la France : quelle place pour l'État dans l'économie ? Doit-il diriger lui-même les entreprises ? Si oui, lesquelles ? À quelles attributions économiques doit-il renoncer pour jouer son rôle d'arbitre en dernier ressort et garder sa hauteur de vue ? Toutes ces questions restent ouvertes et devront être tranchées au lendemain de la crise. Elles méritent, dans les pages qui suivent, un développement plus long.

2

Pour un nouvel ordre politique

Échecs et succès sont les deux faces d'une même réalité : la gouvernance détermine l'efficacité d'une politique. Cela a toujours été vrai ; encore plus à un moment où le développement des réseaux sociaux transforme radicalement le rapport des citoyens à l'autorité, à la légitimité, au savoir, à l'information, en définitive à tout ce qui fonde la démocratie. La gouvernance politique ne peut pas être la même avant et après la révolution technologique. Elle ne peut pas rester gravée dans le marbre d'institutions immuables, dont le fonctionnement resterait satisfaisant en toutes circonstances.

Nous, la France, avons fait en 1789 la révolution politique la plus importante de l'histoire occidentale, en déléguant à chacun des individus une part de la souveraineté nationale. Et voilà que deux siècles plus tard, nous subissons une révolution technologique d'une ampleur comparable, mais sans bouger d'un iota nos pratiques politiques et notre gouvernance. Comment pouvons-nous être aussi conservateurs ? Comment pouvons-nous ignorer que les héritiers de 1789 ont justement cette responsabilité de proposer de nouvelles pratiques démocratiques, pour que la démocratie ne sombre pas dans l'indifférence ?

Ma conviction est faite depuis longtemps : la gouvernance technocratique n'est plus appropriée à la construction de compromis, donc à l'exercice efficace et serein du pouvoir. Le peuple français n'est pas hostile au changement : il est hostile à la manière dont nous conduisons depuis deux décennies le changement. Avec le grand débat, Emmanuel Macron a entendu cette volonté des Français de construire la France. La France ne soignera aucun de ses maux sans organiser cette volonté.

La politique à l'ère de l'individualisme

Prenons d'abord un peu de recul. Considérons que la France n'est pas la seule nation à être confrontée à un problème de fonctionnement démocratique, même s'il est accentué dans notre cas par la dérive monarchique de nos institutions.

L'individualisme est une réalité que toutes les nations occidentales contemporaines ont en partage. Il est à prendre comme tel. À quoi bon le déplorer ? Est-ce que vous allez reprocher à vos enfants d'avoir un autre rapport au travail, de refuser tout embrigadement, de vouloir multiplier les expériences, de ne pas résumer leur vie à leur carrière professionnelle ? Cet individualisme a ses avantages : une plus grande responsabilité de chacun, un accès plus libre à la connaissance, une capacité de chacun à construire sa vie, ou son destin.

Mais il a un défaut majeur : la difficulté à définir un bien commun.

Il soulève aussi, dans la pratique quotidienne de quelque pouvoir que ce soit, politique, médical, universitaire ou éducatif une difficulté majeure : la remise en cause de toute autorité. Lorsque le patient en sait plus long que le médecin sur les raisons de sa douleur et sur son traitement, lorsque l'élève doute du maître, lorsque l'administré a des idées plus arrêtées que le maire, la plus modeste des décisions, la plus anodine des paroles devient sujette à caution. Le risque est grand que la victoire appartienne en définitive à celui qui parle le plus fort. Puisque tout se vaut, rien ne peut prévaloir. Quand chacun en sait autant que son voisin, personne ne peut plus décider dans le lotissement national.

Que cet égalitarisme du savoir soit une illusion ne change rien au problème.

Il restera toujours, pour leur malheur, des patients non vaccinés atteints du Covid qui diront dans leur lit : « Si j'avais su », au lieu de reconnaître : « Je croyais savoir. » Nous aurons toujours une poignée de personnes radicalisées pour contester les évidences et manifester dans la rue ou sur les réseaux leur opposition à un vaccin qui sauve des vies. Nous aurons des familles déchirées parce que les uns croient à la science et que les autres la contestent.

Nous touchons là le vrai problème de l'individualisme : il n'est jamais pour, il est toujours contre ; il ne croit à aucun bien commun ; il se renforce dans l'hostilité. Comme le dit l'écrivain italien Alessandro Baricco, qui sait de quoi il parle pour avoir raconté une des plus belles histoires de dérive individualiste avec son récit *Novecento : pianiste* : « L'individualisme est le sédiment d'une rébellion, il prétend générer une anomalie, refuse de marcher avec le troupeau et avance seul en sens inverse [1]. »

Mais le sens inverse ne peut pas être la direction d'un peuple.

Par conséquent, pour retrouver un sens collectif, je ne vois que deux directions possibles, qui sont aussi deux directions opposées : soit la refondation de nos démocraties, soit le tournant autoritaire. Inutile de dire combien je crois exclusivement à la première option. Elle nous oblige à réfléchir à une question complexe : que faire de cet individualisme ? Comme les citoyens du début du XIXe siècle ont longtemps tâtonné dans le bon usage de la liberté, nous tâtonnons en ce début du XXIe dans le bon usage de l'individualisme. Deux cents ans plus tard, nous nous retrouvons confrontés à un défi similaire. Tout retour en arrière serait un échec. Tout aveuglement devant la réalité de cette nouvelle donne politique nous expose à un naufrage de la démocratie.

Écartons une bonne fois pour toutes l'option autoritaire, qui séduit certains en France, mais certainement

---

1. Alessandro Baricco, *The Game*, Folio Gallimard, 2018.

pas son chef actuel, ni sa majorité. Les mêmes qui reprochent à Emmanuel Macron son prétendu autoritarisme lui feront le procès de ne pas décider assez vite, ou assez fort. Entre César et Queuille, il faudrait choisir. L'actuel président de la République n'est ni l'un ni l'autre, simplement le dépositaire d'un pouvoir dont la pratique ne s'est pas suffisamment renouvelée depuis vingt ans, alors que les technologies faisaient basculer le monde et nos consciences.

Ce qui alimente la dérive autoritaire de certains régimes, en Europe et ailleurs, sous la forme d'interdiction de manifester, de mise au pas de la justice, de restriction des droits des minorités, de contrôle de la presse et des opinions dissidentes, c'est bien la crainte de voir l'individualisme, dans sa course en sens inverse, entraîner la nation avec elle. Les régimes autoritaires ne cessent de resserrer les mailles du filet technologique sur une population qui se pensait libre sur les réseaux. La technologie devait apporter la liberté, elle construit la prison. Chaque donnée devient un instrument de pouvoir, dans les mains de qui contrôle la circulation du flot de données, par milliards, chaque jour.

Sur la place Tiananmen, à Pékin, de petits robots semblables au R4-P17 de *Star Wars* contrôlent les passagers à la sortie des stations de métro, s'assurent de leur bonne santé, mesurent leur température, vérifient qu'ils ont lu les dernières publications du chef de l'État Xi Jinping et retweeté ses aphorismes, sous peine d'amendes, d'interdiction d'accès aux transports publics ou de condamnation pénale. Xi Jinping aura été le premier dirigeant à comprendre que, pour éviter un empêchement politique par les réseaux, il fallait faire main basse sur eux. Les réseaux numériques existent en Chine ; au seul profit du parti communiste ; sous le seul contrôle du pouvoir central. La remise en ordre d'Ali Baba et de tous les géants du digital en Chine n'est que la partie émergée de la glaciation politique dont dépend la survie du pouvoir communiste.

Voir en France les opposants au vaccin crier à la dictature aurait de ce point de vue quelque chose de risible, si cela ne traduisait pas aussi une confusion totale des esprits et si cela ne s'accompagnait pas de menaces, de dérives antisémites, de violences verbales, de comparaisons historiques plus que douteuses. La France n'est pas la Chine : elle est une nation de liberté. Il est triste de devoir le préciser.

Combien de temps encore la population chinoise acceptera-t-elle que le parti central exerce sur sa liberté de mouvement et de pensée, par le biais des réseaux sociaux, un contrôle aussi rigoureux ? Combien de temps la Chine tiendra-t-elle sous la férule du parti communiste chinois ? Ce parti est-il fort ? Est-il faible ? À un dîner du G7 des ministres des Finances en 2019, où cette épineuse question avait été soulevée, la plupart des ministres avaient répondu en avouant que depuis les années 70, tout le monde prédisait l'effondrement du PC chinois, la poussée de mouvements démocratiques irrépressibles, la mise en place d'un nouveau régime de type démocratique, mais que nous observions exactement le contraire : le PC chinois continuait de tirer toutes les ficelles, son leader sortait renforcé du dernier congrès, personne n'osait contester la vision du nouveau Mao et aucun contre-pouvoir ne se mettait en place. Tout laissait donc à penser que les Occidentaux avaient eu tort de croire à la victoire finale de la démocratie libérale. La Chine deviendrait de plus en plus autoritaire, de plus en plus centralisée, de plus en plus monolithique.

Dans ce concert unanime, une seule voix dissidente s'était élevée : une voix aiguë, chantante, un peu éraillée, la voix du ministre des Finances japonais, Taro Aso, le doyen du G7, grand amateur de vins, de costumes clairs, de chemises à rayures et à boutons de manchettes, dont les pieds étaient empaquetés dans des chaussures noires vernies. Comme toujours, il avait commencé son intervention par une espèce de long gémissement grave, incompréhensible, où le japonais se mélangeait à la langue anglaise, avant de préciser en japonais uniquement : « Je ne crois pas du tout. Je crois au contraire que le PC est totalement dépassé. C'est une coquille vide. Il ne dirige plus rien, il ne se renouvelle pas, ses cadres ne comprennent pas la société chinoise. Le durcissement actuel va fragiliser la Chine. Et un jour, la Chine éclatera en mille morceaux comme un vase de terre cuite. »

Il s'était arrêté, le temps de boire une gorgée de vin, il avait poussé un nouveau gémissement anglo-japonais, avant de poursuivre : « Là où je vous rejoins, c'est que le PC chinois sera prêt à tout pour conserver son pouvoir et pour affaiblir les nations occidentales. Il faudra encore dix ans avant que la Chine cède sous son poids. Mais elle cèdera. Elle explosera et vous aurez des provinces à la place de la Chine actuelle. » Je ne sais pas ce que vaut la prédiction de Taro Aso. Au moins avait-elle le mérite de rappeler les membres du G7 à leurs valeurs. Nous étions en 2019, le ministre des Finances japonais avait conclu par ces mots : « Quand je dis que le PC chinois sera prêt à tout, il sera vraiment prêt à tout : même à une alliance avec les talibans si cela peut nous gêner ! » Nous avions ri devant cette provocation.

Trois ans plus tard, le 28 juillet 2021, tandis que les forces islamistes reprenaient une ville après l'autre en Afghanistan et se rapprochaient de Kaboul, le ministre des Affaires étrangères chinois, en costume strict sous une fresque immense de montagnes chinoises vert jade, recevait en grande pompe Abdul Ghani Baradar, numéro 2 des talibans. Sans doute le ministre avait-il été informé de l'offensive militaire qui devait mener le 15 août à la chute du gouvernement afghan, au chaos dans la capitale et à la prise du pouvoir, près de vingt après le début de l'intervention occidentale, par les forces talibanes ; sans doute lui avait-il même donné son assentiment. L'Afghanistan avait été le petit caillou qui avait tenu tête à l'occupant russe, précipitant la chute de l'Union soviétique ; il venait désormais de mettre en échec l'Occident. Souvent les empires se fracassent sur de tout petits récifs.

Réorganiser la gouvernance politique

Après ce détour, qui redonne à notre problème national sa juste proportion, revenons maintenant à notre défi : la refondation de notre démocratie à l'ère de la révolution digitale. Je n'ai pas la prétention d'apporter des solutions toutes faites à cette question essentielle qui va occuper toutes les démocraties occidentales pendant des années. Je voudrais simplement livrer, du point de vue d'un responsable politique français, quelques convictions simples.

La plus importante pour commencer, celle qui fonde toute ma réflexion : nous sommes au bord de la crise de régime ; nos institutions sont épuisées ; notre organisation politique est dépassée ; la représentation nationale s'efface, ne pèse plus, contrôle sans instruments ni pouvoir de riposte. Aucune des grandes transformations nécessaires à notre nation ne pourra donc être engagée sans un processus de refondation politique.

Pour le mener, il faut un chef : celui que la France choisira au printemps 2022. Dans ces périodes de tumulte, où la direction de la nation doit être tranchée sans hésitation, le chef est plus que jamais nécessaire, il est plus que jamais légitime. Machiavel poussait le raisonnement encore plus loin : « Et l'on doit prendre ceci pour règle générale : il n'arrive jamais, ou rarement, qu'une république ou qu'une royauté soit bien ordonnée dès le début, ou totalement réformée en dehors de ses vieilles institutions, si elle n'est pas ordonnée par un seul homme. (...) Pour ordonner une république, il est nécessaire d'être seul[1]. »

Nous ne sommes plus au temps de la création des cités italiennes, je dirais donc à rebours de Machiavel que le chef ne peut et ne doit pas être seul.

Il doit être avec le peuple. Il doit donc régulièrement pouvoir prendre non seulement le pouls du peuple, mais aussi son avis. Les représentants élus sont son premier relais, au niveau local comme au niveau national. Mais il faut être aveugle pour ne pas voir que ce principe de délégation de la souveraineté fonctionne de moins en moins bien à mesure que nous nous éloignons du terrain local pour nous rapprocher des colonnes du parlement. Pour faire simple : les maires sont crédibles, ils sont même les plus crédibles des élus. Les écouter est donc toujours précieux ; les voir régulièrement est un atout ; les soutenir, face aux attaques de plus en plus fréquentes dont ils sont les victimes, un devoir. Les parlementaires, et je le reconnais après avoir éprouvé une réelle fierté à être élu trois fois représentant de la nation, ont en revanche perdu de leur crédibilité. Il nous appartient donc tous collectivement de

1. Machiavel, *Discours sur la première décade de Tite-Live*, Livre I, chapitre 9.

rénover en profondeur la composition et le fonctionnement du parlement, pour garantir aux décisions politiques nationales leur légitimité, leur force, leur bonne application.

Pour cela, nous avons deux options : soit revenir en arrière, acter que nous nous sommes trompés et rétablir le cumul entre mandat national et mandat local. Puisque le mandat national manque de légitimité, greffons-lui à nouveau la légitimité du mandat local. Depuis des années, je me suis opposé à cette solution. Elle acterait une bonne fois pour toutes que le parlementaire ne peut avoir de légitimité par son élection au suffrage universel direct, mais qu'elle dérive de son mandat de maire. Elle le lierait à des intérêts locaux, là où il doit représenter l'intérêt national. Elle le priverait du renforcement nécessaire de sa capacité de contrôle.

Je continue donc de considérer que la seule bonne option est de redonner clarté, force et proximité au mandat parlementaire.

Clarté, en réduisant le nombre des parlementaires, en mettant fin au principe de double examen des lois par l'Assemblée nationale et par le Sénat, en limitant les compétences du Sénat en matière budgétaire à des observations et à une approbation finale, et non plus à une lecture complète. En Irlande, mon homologue ministre des Finances me faisait observer que le Sénat ne pouvait déposer des amendements que sur un nombre restreint de sujets : « *We need to act quickly. We need to focus on the key topics*[1]. » En Allemagne, le Bundesrat, la chambre des Länder, a six semaines pour faire ses observations sur le projet de budget fédéral, mais le texte est ensuite débattu exclusivement au Bundestag, l'équivalent de notre Assemblée nationale. En cas de désaccord entre le Bundestag et le Bundesrat à la fin de la procédure, le dernier mot revient au Bundestag. En France, nous examinons l'intégralité de la loi de finances dans les deux chambres, en commission des finances puis en séance, dans des sessions qui se prolongent jusque tard dans la nuit, ou tôt le matin, suivant un rituel aussi désuet qu'inefficace. La démocratie prend du temps ; mais elle ne doit pas en perdre.

Force, en insistant sur le rôle essentiel du parlement dans le contrôle de la loi, de sa bonne exécution, notamment pour les lois de finances, et de son efficacité collective. À quoi bon trois mois de débat sur les lois de finances si la loi de règlement, qui établit sa bonne exécution, est examinée en trois semaines ?

Proximité enfin, en utilisant tous les nouveaux moyens technologiques, de la blockchain aux consultations en ligne, pour faire participer directement les citoyens, dès lors que plus de cent mille par exemple le demanderaient sur un texte précis, à la rédaction mais aussi au contrôle de la loi. La délégation totale de la souveraineté à des représentants élus du peuple pour

1. « Nous devons agir rapidement. Nous devons nous concentrer sur les sujets essentiels. »

cinq ans tient depuis 1789. Mais elle ne fonctionne plus ; elle ne suffit plus. Si nous voulons éviter son contournement par la rue, par la violence, par la contestation permanente, nous devons la faire évoluer en profondeur.

Le chef doit être avec le peuple et ses représentants : il doit aussi être avec son gouvernement.

Le chef de ce gouvernement, le Premier ministre, devrait être installé à proximité géographique immédiate du président de la République, dont il est le bras droit. La séparation des deux rives de la Seine est aussi une séparation des esprits. Faut-il en finir avec le Premier ministre ? Je ne suis pas certain que ce soit la question prioritaire. Je suis convaincu que nos compatriotes ne se la posent pas, ils sentent instinctivement qu'à la tête d'un exécutif démocratique, même de type présidentiel, un attelage est toujours préférable à une femme seule ou à un homme seul. L'un peut épauler l'autre, le conseiller, le soulager, pourquoi pas le contredire. Premier ministre ou pas, il faudra toujours un *primus inter pares*, un responsable des décisions administratives, un juge de ligne avant le seul arbitre du jeu : le Président.

Je crois surtout indispensable de dissiper quelques fictions, qui creusent un écart dangereux entre la représentation du pouvoir et son exercice. Finissons-en une bonne fois pour toutes avec la fiction d'un Premier ministre chef de la majorité alors que, depuis la mise en place du quinquennat, cette majorité découle du président de la République, vit avec lui, meurt après lui. Qui d'autre par conséquent que le président de la République pourrait en être le chef ? Finissons-en également avec cette autre fiction du Président la tête dans les nuées et du Premier ministre les deux pieds dans la glaise. Les deux ont les deux pieds dans la glaise, les deux travaillent la dure réalité de la France, les deux font équipe. Ce qui les sépare est autre chose de beaucoup plus essentiel : le peuple. Le Président a été élu, le Premier ministre a été désigné.

Tout est dit.

Comme dans la dernière nouvelle de Kafka, la plus poignante, le peuple des souris ne se reconnaît qu'une seule cantatrice : Joséphine. Joséphine est la seule à pouvoir faire entendre sa musique, la seule à être écoutée par le peuple des souris. Et pourtant : même à ce chef, même à cette cantatrice, le peuple qui lui donne toute sa considération ne reconnaît pas le droit de le guider sans cesse. Le peuple des souris admire Joséphine, il la respecte, sans toujours la comprendre, mais il est un peuple libre et souverain, qui voit défiler les Joséphine et qui poursuit son chemin : « Le peuple, calme, sans manifester aucune déception, souverain, masse se suffisant à elle-même et qui ne peut à la vérité, même si les apparences sont contraires, que donner des cadeaux, mais jamais en recevoir, même pas de Joséphine, ce peuple poursuit son chemin[1]. »

Pour revenir au gouvernement, quoique Kafka nous

1. Franz Kafka, *Joséphine la cantatrice ou le peuple des souris*, in *La Colonie pénitentiaire*, Gallimard, 1948.

instruise plus sur notre société que beaucoup de traités politiques, il lui faut aussi des membres. Ils sont trop nombreux, tout le monde le sait. Ou ne le sait pas, du reste, puisque la plupart restent inconnus du grand public, quelle que soit la qualité de leur action. Autour de la table du Conseil des ministres, dressée en formation plénière dans la salle des fêtes de l'Élysée, nous sommes plus de quarante. Le plateau en aggloméré du salon Murat, recouvert d'un drap de feutre beige, a cédé la place à un immense rectangle de tables blanches, plus moderne. À ce compte, il faudra bientôt installer des écrans individuels pour nous voir, comme dans la salle des Conseils européens, où chacun plisse les yeux pour deviner son interlocuteur, de l'autre côté de l'ovale en bois verni. De temps à autre, plutôt que de suivre les échanges, je discute avec mon voisin de droite, le Premier ministre Jean Castex, avec qui j'entretiens une relation amicale de longue date et dont j'apprécie le sérieux, le dévouement, l'attention et l'humour ; souvent aussi je me penche vers mon voisin de gauche, Sébastien Lecornu, ministre des Outre-mer mais surtout mon ancien collaborateur, dont la maturité politique et l'habileté font impression et qui invariablement entame nos discussions par un : « Ça va, Bob ? », surnom hérité de la primaire. Mais ne serions-nous pas plus efficaces dans un format plus restreint ?

Je propose donc, sur le modèle britannique, que nous adoptions dans la loi de finances un plafond global de dépenses pour la rémunération des ministres ; que ce plafond permette l'emploi de quinze à vingt ministres au maximum ; que tous les autres membres du gouvernement aient le rang de secrétaire d'État et ne participent au Conseil des ministres que si un sujet relevant de leur compétence est évoqué.

Le périmètre des compétences ministérielles mériterait aussi d'être revu, pour donner plus de cohérence et plus d'efficacité à l'action publique. Si je n'avais pas eu le Budget sous mon autorité directe pendant la crise économique, nous aurions perdu un temps précieux dans des arbitrages financiers entre le cinquième étage du bâtiment de Bercy, celui du ministre du Budget, et le sixième étage, celui du ministre des Finances. L'unité de commandement est un gage de rapidité ; elle a été encore renforcée par la parfaite entente avec Olivier Dussopt, ministre délégué aux Comptes publics, pendant les dix-huit mois où nous avons massivement soutenu les salariés comme les entreprises et régulièrement ajusté les aides en fonction de l'évolution de la conjoncture. Est-ce que la nature des défis qui nous attendent ne demande pas d'aller plus loin encore ?

Prenons la lutte contre le changement climatique : elle est affaire de normes, de législation, de règlements qui feront évoluer nos comportements ; mais elle est aussi affaire de financements, dans des montants qui dépasseront tout ce que nous envisageons pour le moment. Serait-il absurde de lier les compétences financières et environnementales dans un gouvernement, pour nous donner les meilleures chances de relever ce défi ? Les investissements dans le parc renouvelable ou dans les réacteurs de petite ou de moyenne taille, les garanties que le Trésor accorde à des projets industriels à l'exportation, en veillant à ce qu'ils respectent nos engagements environnementaux, la mise en place d'une taxonomie européenne pour garantir le caractère durable des financements énergétiques, le budget vert, les émissions d'obligations vertes, tous ces exemples ne montrent-ils pas que finance et climat ont désormais partie liée ?

« Ah, jamais ! » me diront tous ceux qui pensent à tort que le ministère des Finances freine des quatre fers les initiatives en faveur du climat, alors qu'il en a pris de nombreuses au cours des cinq dernières années, et qu'il a financé les autres. « Jamais ! Il faut un contrepoids au ministère des Finances avec le ministère de l'Environnement. » Je ne crois pas à ces mécanismes de poids et de contrepoids pour les politiques économiques. Je crois que la question environnementale traverse toutes les politiques publiques et que nous aurions intérêt à étudier le rassemblement des compétences financière et climatique, plutôt que de miser sur leur division ou pire, sur leur affrontement.

Je suggère également que la durée du Conseil, sauf exception, soit ramenée à une heure ; que des Conseils puissent avoir lieu parfois le lundi plutôt que le mercredi, pour organiser le déroulement de la semaine. Enfin que les ministres, comme les parlementaires, soient obligés de démissionner de la haute fonction publique s'ils en sont membres, avant leur entrée en fonction. À ce prix, et à ce prix seulement, notre gouvernance politique gagnera en efficacité et rompra définitivement avec la monarchie technocratique qui hérisse nos compatriotes.

Sur cette question de la monarchie technocratique, je me permets une dernière remarque, qui pourra paraître anecdotique, ou purement symbolique, mais qui a selon moi une grande importance : toute la République devrait déménager de ses palais. Ces palais ne sont pas propices au travail. Ils sont un héritage désuet de notre monarchie. Ils plaisent aux journées du patrimoine et certains font la queue des heures pour y entrer, mais pour voir quoi ? Un faste dépassé : des enfilades de pièces qui se prêtent à la réception, pas à la réflexion ou à la décision ; des bureaux malcommodes, sauf pour les occupants les plus gradés, et encore ; des dorures à profusion, qui ne brillent pas par leur modernité ni toujours par leur élégance. La République est un héritage, pas un musée. Et la démocratie selon moi demande de la simplicité, pas du luxe. Rassembler tous les lieux de pouvoir dans un seul endroit, ou dans des endroits proches, ne rabaisserait pas notre nation, mais la grandirait.

Le pouvoir est un calendrier, mais aussi une géographie.

Je mesure l'ampleur de la tâche au nombre de siècles durant lesquels cette proposition de rassemblement des ministères a été formulée. Saint-Simon l'exigeait déjà du Régent, à la mort de Louis XIV, en 1715, dans des mots qui n'ont pas pris une ride. Il fallait au Régent rester à Versailles, éviter Paris, regrouper les ministres, par « commodité de commerce des uns avec les autres, (…) de facilité et d'expédition à ses affaires, et à celles de tout le monde ». En somme, il était nécessaire de construire un « triangle salutaire et commode (…), un rassemblement continuel qui faisait tout trouver à chacun sous sa main, et qui faisait plus d'affaires et donnait plus d'accès à tous les ministres et à tous les bureaux en un jour, qu'en quinze si la cour était à Paris, par la dispersion des demeures et la dissipation du lieu ».

Pour un État fort

Pas de gouvernance efficace sans État.

Et un État fort.

Sans quoi la France ne sera plus la France, mais une nation parmi les autres. Une nation qui aurait oublié son histoire, ses racines, sa lente et difficile construction, sa centralité.

La mode pourtant est au procès de notre État : incompétent, tatillon, lourd, inefficace, il serait le premier responsable, pour ne pas dire le seul, de tous nos maux. Comme le baudet sur lequel on crie haro, tous ses adversaires le déchiquettent à pleines dents : les élus locaux, quand ils le trouvent trop lent à réagir, les administrés, quand les procédures sont trop complexes, les fauteurs de troubles, qui rêvent de grand désordre, les géants du numérique, qui contestent fondamentalement sa légitimité au nom d'un libertarisme étranger à notre histoire comme à notre culture ; et même des candidats à l'élection présidentielle, qui ont oublié que, de cet État dont ils disent pis que pendre, ils voulaient être le chef.

C'est pourtant l'État, dans une de ces contradictions dont notre peuple a le secret, qu'on vient chercher en cas de catastrophe naturelle, de drame, de crise aiguë, de menace sécuritaire, considérant que lui seul protège, lui seul rassemble. Et qui du reste pourrait le faire ? Qui aurait la légitimité suffisante pour rassembler la nation quand la nation est dans les épreuves ?

Il est vain de chercher à savoir qui a raison, de ceux qui vouent le Léviathan aux gémonies ou de ceux qui sanctifient la puissance publique. Je sais seulement que rester les deux pieds dans le même sabot en observant le déclin de notre État, en demandant à des administrations surchargées de remplir des tâches impossibles, parce que nous n'aurions pas le courage de les déléguer à d'autres acteurs plus efficaces et plus légitimes pour les accomplir, en nous accrochant à des compétences qui ne sont plus au cœur des missions régaliennes ou des missions publiques tout court, serait une faute contre notre esprit national.

Au tout début du quinquennat, je me suis rendu en Corse. Je me trouvais à Ajaccio. Je rencontre les agents de l'antenne locale de la DGCCRF[1]. Je les remercie pour leur travail et je leur demande ce qui ne va pas. « Ce qui

1. Direction générale de la concurrence, du contrôle et de la répression des fraudes.

ne va pas ? me répond une jeune fonctionnaire, ce qui ne va pas, vous voyez, monsieur le ministre, c'est la route. – La route ? – La route. Entre Ajaccio et Calvi, on met plus de deux heures. Vous l'avez faite la route ? – Oui. – Alors, vous voyez, c'est long. Et nous, on doit faire toutes les routes pour contrôler la qualité des huiles d'olive dans les restaurants. Vous savez combien il y a de restaurants en Corse ? – Non. – Beaucoup. Alors un seul agent, avec une seule voiture, pour circuler sur les routes de Corse pour contrôler les huiles d'olive, je vous le dis, on va pas aller loin. »

Je pourrais multiplier les exemples, qui montrent une chose simple : le pouvoir tentaculaire est un pouvoir impuissant. Ou un mirage de pouvoir. Or le pouvoir doit garder prise sur le réel pour conserver sa légitimité. Quel que soit son prestige, et celui de notre fonction publique est grand, il se diminue à négliger le réel. « Le pape, combien de divisions ? » se décline aussi au niveau local : « La DGCCRF, combien de voitures ? »

Pour reprendre prise sur le réel, la première urgence est de circonscrire ce réel. Autrement dit, redéfinir ce que nous attendons de l'État.

Que doit-il faire ? Avec qui ? Et à quoi doit-il renoncer ?

Ces questions amènent à ouvrir le débat de la décentralisation. Que confier aux collectivités locales ? Et à quelles collectivités ? Plutôt que des réponses, je proposerai une méthode : demandons-nous avant tout ce que nous attendons de notre État au XXIe siècle, plutôt que de nous précipiter dans une décentralisation bâclée qui donnera les mêmes résultats que le redécoupage sur un coin de table des régions. Et méfions-nous de deux écueils : l'empilement des compétences, les compétences déléguées sans outils pour les exercer. Paradoxalement, je considère que la meilleure manière de réussir la décentralisation est de nous interroger sur les missions étatiques. Et de les exercer au plus près du citoyen en accélérant la déconcentration des services : il est certainement plus efficace, comme nous avons commencé à le faire, d'inciter des agents des finances publiques à s'installer dans des villes moyennes, à Vesoul par exemple, que de confier les missions des finances publiques au département ou à la région. Une nouvelle fois, je cite Fernand Braudel : « Le problème pratique de l'identité nationale dans la vie actuelle, c'est l'accord ou le désaccord avec des réalités profondes, le fait d'être attentif, ou pas, à ces réalités profondes et d'avoir ou non une politique qui en tient compte, de modifier ce qui doit être modifiable, de conserver ce qui doit l'être. (…) Il y a dans l'identité de la France le besoin de concentration, de centralisation contre lequel il est dangereux d'agir. » Disons au moins que, dans le domaine de la décentralisation, qui touche à notre identité nationale, nous devons agir avec précaution.

Dans le champ économique, je vois trois missions essentielles pour la puissance publique : la défense de l'ordre public économique contre les abus de tout genre, la gestion des grands services publics, la régulation du capitalisme, notamment des géants du numérique. Au moment où j'écris ces lignes, le Conseil constitutionnel, dont je dirai un mot par la suite, vient de valider la loi sur le séparatisme. Elle comprend notamment des dispositions sur la sanction des entreprises numériques en cas de diffusion de contenus haineux ou d'incitation à la violence. Elle renforce les dispositions similaires qui viennent d'être prises dans un cadre européen. Qui d'autre que l'État aurait la légitimité pour se prononcer sur ces questions ?

À l'inverse, je maintiens que la puissance publique doit se tenir à l'écart de la gestion des entreprises qui se trouvent hors du champ des grands services publics du transport, de la défense ou de l'énergie. Non seulement parce que ce n'est pas son domaine de compétence. Mais aussi, comme on l'a vu crûment lors de la cession de la participation d'Engie dans Suez, parce qu'elle se retrouve coincée dans un conflit d'intérêts insoluble entre les exigences patrimoniales et les exigences d'emploi ou de présence territoriale. L'intérêt financier de l'État était de céder les 30 % d'Engie dans le capital de Suez, parce que la valorisation proposée était élevée. Mais son devoir était de s'opposer à une opération hostile, qui ne donnait pas toutes les garanties suffisantes de maintien des activités en France. Pour cette raison, j'ai demandé aux représentants de l'État au conseil d'administration d'Engie de voter contre l'opération. Les actionnaires majoritaires ont voté pour ; la cession a été décidée. Au final, l'État en sort affaibli, ravalé au rang d'actionnaire parmi les autres, qui pèse le poids de ses pourcentages dans le capital, ni plus ni moins. Est-ce acceptable ?

Ma conclusion est simple : nous devons mettre fin à la confusion des genres. Nous devons poursuivre la cession des participations de l'État dans les entreprises du secteur concurrentiel. Nous devons privatiser ADP. Nous devons céder notre participation dans Renault, qui est un héritage historique désuet. En quoi, comme ministre de l'Économie, ai-je la compétence pour valider ou non la stratégie industrielle de l'une des plus grandes entreprises automobiles du monde ? Est-ce que mes choix, nécessairement contraints par la situation politique, ne brideront pas le développement de cette entreprise ?

Du temps où Carlos Ghosn venait me présenter sa stratégie pour le groupe Renault-Nissan, il mettait en avant le nombre de véhicules produits. À marche forcée, le groupe avait réussi à se hisser en nombre de véhicules à la première place mondiale. Carlos Ghosn en tirait une fierté légitime : « Voilà, cette année, nous allons devenir le premier constructeur au monde ! Le premier ! » Cette course aux volumes était compréhensible. Elle était séduisante, du seul point de vue de la puissance nationale. Mais une autre stratégie, fondée sur la course à la valeur technologique, à la montée en gamme, à l'électrification et à la digitalisation des véhicules, n'aurait-elle pas donné de meilleurs résultats ? Et qui étais-je, comme responsable politique, pour en juger ?

Pour reprendre prise sur le réel, l'État doit aussi s'en rapprocher.

Il peut le faire de mille manières différentes. En simplifiant ses procédures, comme nous l'avons fait dans plusieurs domaines pendant la crise du Covid : les marchés publics par exemple, au-dessous de 100 000 euros, ne sont plus soumis à appel d'offres. En développant massivement le recours aux outils numériques, sur le modèle de la révolution que Gérald Darmanin a engagée avec le prélèvement à la source des impôts. Ou plus concrètement encore, en maintenant une présence territoriale plus forte. Un rapport du sénateur Hervé Marseille, publié en 2017, contient déjà la plupart des solutions à ce problème. Son constat est sans appel : les sous-préfectures consacrent l'essentiel de leur temps à délivrer des titres dont la gestion pourrait être encore davantage dématérialisée, au détriment des services de proximité, qui sont par conséquent délégués à des maisons de services publics. Le tout, avec des moyens humains en diminution de 20 % sur dix ans. Résultat : le service est moins bon, pour un coût total identique pour les finances publiques. Soit les sous-préfectures sont considérées comme un héritage archaïque du maillage territorial napoléonien, et on les supprime ; soit on les considère comme un échelon public de proximité indispensable, et on les renforce en les fusionnant avec les autres organes publics, en dématérialisant leur travail, en clarifiant leurs missions. La deuxième branche de l'alternative peut sembler fragile. Elle me paraît pourtant la meilleure, en particulier pour les territoires ruraux.

Enfin, l'État ne reprendra prise sur le réel qu'en modifiant le recrutement de ses agents, leur formation, la définition des compétences que les citoyens peuvent en attendre. La suppression de l'ENA engagée par le gouvernement de Jean Castex et son remplacement par l'Institut du service public a fait couler beaucoup d'encre, le plus souvent une encre sèche. On pourra certainement corriger un aspect ou un autre de la réforme. Il faudra veiller en particulier à ce que cette réforme maintienne le recrutement dans le service public de profils de haut niveau. Mais qui peut contester la nécessité absolue de diversifier le recrutement de la haute fonction publique ? On ne peut pas à la fois vilipender la monarchie technocratique et refuser une nuit du 4 Août, qui abolit les privilèges exorbitants de certains. Plus profondément, en 1945, date de sa création, l'ENA avait vocation à démocratiser le recrutement des hauts fonctionnaires et à professionnaliser leur formation. Ces objectifs ont été remplis pendant plusieurs décennies, ils ne sont plus atteints désormais. Le statu quo est donc impossible. Sans entrer dans la critique à la Bourdieu de la noblesse d'État, on peut au moins s'interroger sur l'adéquation entre la formation actuelle des élèves de l'ENA et ce qu'on attend d'un État moderne. La maîtrise générale de tous les sujets était une des forces de ses élèves. Ils avaient réponse à tout, embrassaient tout, ils étaient mobiles et interchangeables.

Le XXIe siècle est celui de la spécialisation : la puissance publique a donc besoin de spécialistes, avec des compétences pointues, qui comprennent les enjeux technologiques actuels, maîtrisent des savoirs précis, en droit, en langues étrangères, dans le numérique, en comptabilité ou dans les sciences humaines. Quand je dois proposer des décisions au président de la République ou au Premier ministre sur le nucléaire ou sur les investissements d'avenir, les techniciens me sont plus utiles que les généralistes. Ils m'expliquent ce que j'ignore. Leur savoir éclaire mes recommandations mille fois mieux que ne pourrait le faire un élève qui a réussi brillamment un grand oral.

Sous la monarchie absolue, État et nation se confondaient en un seul corps. Dans ce commencement du XXIe siècle, la nation a gagné son indépendance de fonctionnement. Cette dissociation historique de notre État et de notre nation ne doit pas être prise comme un déchirement, mais bien comme une liberté nouvelle.

V^e ou VIe République ?

La question immédiate qui suit est celle de la République : puisque la gouvernance politique doit être revue de fond en comble, puisque la place de l'État, ses missions, son fonctionnement, son recrutement doivent être repensés, ne faut-il pas alors changer de République ?

Je ne crois pas.

Je suis un gaulliste, je ne suis pas un dévot de la Constitution de la Ve République ; j'en mesure dans la pratique quotidienne du pouvoir les failles, les pesanteurs. Je ne fais pas partie de ceux qui louent la merveilleuse mécanique du texte de 1958, auquel on ne devrait apporter des retouches que la main tremblante. Cette approche de juriste me semble dépassée par la réalité politique. Qui ne voit pas que le 49.3 crée désormais plus de blocage que de fluidité ? Qui ne mesure pas les limites de l'article 16 ? Qui n'a pas réalisé que le passage au quinquennat a une bonne fois pour toutes détraqué les rouages de nos institutions, en les ramenant toutes à la même taille, ou à la même durée, qui est la grande affaire du pouvoir : cinq ans ?

Pour autant, je pense que consacrer du temps, nécessairement un temps long, à établir une nouvelle Constitution, serait une erreur profonde. Tout ce qui doit être modifié dans la Constitution peut l'être sans basculer de la Ve à la VIe république, c'est-à-dire sans modifier les équilibres fondamentaux de ce régime présidentiel qui ne dit pas son nom. Réduire le nombre de parlementaires, renforcer leur rôle de contrôle, accorder plus de place à l'expression directe de la souveraineté populaire et non à sa seule représentation, déplacer les lieux de pouvoir ne justifient pas de changer d'ordre constitutionnel.

Pas davantage le changement que j'appelle de mes vœux depuis des années de la composition du Conseil constitutionnel. Comment une grande démocratie comme la France, héritière des principes de 1789, peut-elle encore accepter cette cooptation politique générale qui préside aux destinées de la plus haute des instances juridictionnelles de la nation ? Des hommes et des femmes de la plus grande qualité, mais issus de rangs partisans, ne remplaceront jamais des hommes et des femmes impartiaux, sans aucune affiliation politique.

Dans le fond, le nouvel ordre politique que je défends pour le prochain quinquennat est moins institutionnel que pratique. Il touche moins nos institutions que notre gouvernance. Il fait appel à la simplicité. Il essaie de ramener à leur juste mesure nos difficultés politiques nationales, plutôt que de forcer le trait et de précipiter la République dans un grand chaos, dont personne ne sait trop bien ce qui sortira : sans doute, rien de bon.

La politique en France est affaire de mots ; cela fait notre charme ; cela nous conduit parfois droit dans l'impasse. Essayons pour une fois qu'elle soit affaire de réalité. Nous verrons que notre mal-être national tient à moins de choses que nous ne nous l'imaginons. Et que de la constance dans quelques directions bien établies paiera davantage que le grand tremblement de terre qui agite certaines consciences.

DEUXIÈME PARTIE

Quatre orientations pour une seule puissance

Le plus difficile en politique est de choisir ; choisir les chantiers ; choisir le moment de les lancer. À vouloir trop bien faire, à accumuler les réformes, les propositions, les changements, on court le risque de donner le tournis à un peuple que la mondialisation et les révolutions technologiques ont déjà mis sens dessus dessous.

Mesurons bien le temps où nous sommes : nos compatriotes sortent à peine de deux années de crise ; de nouvelles formes du Covid peuvent apparaître ; des attentes différentes voient le jour dans le rapport au travail ; notre culture nationale est fragilisée au sommet par des mouvements anglo-saxons minoritaires, à la base par un islam politique endémique, bref, notre nation doute, elle est plongée dans un désarroi profond. Nous devons nous en accommoder : « Les hommes, dans leur conduite, et plus encore dans les grandes actions, doivent considérer les temps et s'accommoder à eux. Et ceux qui, par un mauvais choix ou par une inclination naturelle, ne s'accordent pas avec les temps, sont le plus souvent malheureux, et leurs actions ont une mauvaise issue ; c'est le contraire qui arrive à ceux qui s'accordent avec les temps[1]. »

S'accorder avec les temps n'est pas se résigner à eux ; c'est inscrire son action, qui peut être une grande action, dans la réalité d'un peuple. C'est agir avec le peuple plutôt que contre lui. Cela n'interdit pas, au contraire, de proposer des orientations claires pour le prochain quinquennat. La clarté rassure ; la confusion inquiète. Par conséquent n'ajoutons pas du trouble au trouble et soyons les plus limpides possible dans l'expression de notre projet.

Les près de cinq années que je viens de passer au gouvernement me conduisent à privilégier quatre orientations majeures : la lutte contre les inégalités, le rétablissement de l'autorité, la reconquête industrielle et le rétablissement des finances publiques. Toutes passées à chaque fois au tamis du combat contre le réchauffement climatique, qui ne peut plus être une politique isolée, mais un choix de société transversal. Sans cesse, je me rappelle le visage ébahi de cet étudiant dans un lycée professionnel, devant qui je défendais mes idées, et qui à la fin de mon intervention m'avait fait observer, sur un ton neutre : « C'est bien joli tout ça, mais à quoi ça sert puisque nous allons tous disparaître ? »

---

1. Machiavel, *Discours sur la deuxième décade de Tite-Live*, Livre III, chapitre 8.

1

David contre Goliath : la lutte contre les inégalités

Aucun sujet n'a autant occupé la littérature économique ces dernières années que la crainte de la montée des inégalités. Rivaliser avec les dizaines de milliers de pages qui ont été écrites sur le sujet serait dérisoire. Pour autant, passer à côté de cet enjeu serait renoncer à fonder un nouveau capitalisme, passer à côté des défis de redistribution et de création de richesses, renoncer à donner un sens politique à la production économique.

Ce serait aussi abandonner une des attentes fortes des Français, qui ne conçoivent pas l'économie sans une redistribution équitable des richesses et qui refusent que les succès en matière de PNB se paient au prix d'écarts de niveau de vie de plus en plus importants. Ils veulent la croissance et la justice, le travail et une bonne rémunération du travail, ils ont raison.

Voilà pourquoi je fais de ce combat le premier combat économique du prochain quinquennat.

Un grand déchirement

La France est de toutes les nations développées celle qui réussit le mieux à contenir la montée des inégalités, mais celle aussi où le débat sur les inégalités est le plus féroce. Est-ce que la crainte l'emporte sur la raison ? Ou est-ce plutôt que notre manière de réduire les inégalités ne satisfait plus grand monde ?

Je pencherais pour la seconde option : au cœur du problème des inégalités se trouve en réalité la peur du déclassement social, et la peur du déclassement de la nation tout court.

Les chiffres sont sans appel. Non, le niveau des inégalités n'a pas explosé en France depuis la fin des années 60, contrairement par exemple aux États-Unis : les 10 % les plus riches concentrent un quart des revenus après redistribution en 2018, contre un tiers dans les années 60. Mais à un double prix : une redistribution massive entre les ménages, qui déclenche des sentiments de frustration aux deux bouts de l'échelle des revenus ; un appauvrissement relatif de la France depuis la crise financière de 2008. En 2000, le niveau de richesse par habitant des Français était environ 7 % inférieur à celui des Allemands, et 23 % inférieur à celui des Américains. Il est désormais inférieur de 14 % à celui des Allemands, et de 29 % à celui des Américains.

On pourrait aligner les chiffres les uns après les autres, ils renverraient tous ce double visage de la France contemporaine, égalitaire et appauvrie. Encore cette réduction des inégalités devrait-elle être étudiée plus finement, en tenant compte des disparités géographiques, du poids des dépenses contraintes, de la difficulté à changer de statut social. Aucun mal de vivre ne se traduit en statistiques. Malgré tous nos efforts, malgré les décisions courageuses qui ont été prises en particulier au lendemain de la crise des gilets jaunes et de la crise économique de 2020, notre mal de vivre persiste. La plus heureuse des nations au XVIIIe siècle, celle qui avait inventé la notion même de bonheur, la France, dotée de tous les atouts géographiques, ouvertes sur les océans et sur la mer Méditerranée, alpine et rurale, enrichie par les passages à ses frontières, respectée pour sa culture, son art de vivre, son histoire, capable de se projeter partout dans le monde, liée par sa langue, animée par un esprit libre, cède depuis des décennies à la morosité collective. Nous avons l'âme triste, au moins l'âme nationale. Nous sommes heureux seuls, malheureux ensemble. Nous avons donc perdu ce qui faisait le cœur de notre identité : notre unité nationale. À la question : « Votre entreprise se porte-t-elle bien ? », 75 % répondent « oui ». À la question : « L'économie française se porte-t-elle bien ? », pas loin du même pourcentage répondent « non ».

Il ne suffira pas de seuls changements économiques pour remédier à ce grand déchirement de la conscience nationale, entre lumière individuelle et noirceur collective. Mais tout ce que nous avons engagé depuis cinq ans constitue néanmoins une partie de la réponse et doit donc être mené à son terme.

La dignité du travail

La valorisation du travail a été le fil rouge de notre action économique pendant cinq ans. En utilisant tous les instruments à notre disposition, de la prime d'activité au développement de l'intéressement et de la participation, en passant par les primes défiscalisées ou la baisse de l'impôt sur le revenu pour les premières tranches, nous avons construit une exception française : nous arrivons à conjuguer rémunération décente des bas salaires et coût acceptable pour les entreprises. Ce choix collectif nous a évité le débat récurrent en Allemagne sur les mini-jobs, ces contrats à temps partiel dont la rémunération ne dépasse pas 450 euros par mois et qui ne sont quasiment soumis à aucune charge sociale.

Cette exception souffre néanmoins de trois difficultés auxquelles nous devrons nous attaquer.

La première est évidemment le coût budgétaire de ces mesures. Pour la seule prime d'activité : plus de 10 milliards d'euros par an. Est-il légitime de socialiser à ce point les salaires ? La deuxième est la situation spécifique des travailleurs à temps très partiel, qui passent d'une activité à une autre, souvent avec des horaires fragmentés, par exemple les femmes de ménage dans les bureaux ou les supermarchés. Ces travailleurs ont la vie la plus dure et les avantages les plus réduits. La troisième difficulté est celle des titulaires du RSA, dont la revalorisation financière au cours des dix dernières années a été inférieure à celle de la prime d'activité. Ne serait-il pas judicieux de donner un meilleur RSA à des bénéficiaires obéissant à des conditions plus strictes et mieux encadrés ? Je ne crois pas qu'on puisse chercher un travail dans des conditions satisfaisantes quand on survit dans sa vie quotidienne, à passer son temps à chercher dans les supermarchés le paquet de pâtes le moins cher.

Pour mieux rémunérer le travail, nous devons aussi poursuivre le débat structurel sur la meilleure association des salariés au capital de l'entreprise. Avec la loi PACTE, nous avons engagé ces travaux, simplifié les règles de l'intéressement et de la participation, supprimé la taxe à 20 % qui pesait sur ces dispositifs. Les résultats sont là, mais encore insuffisants : en moins de trois ans, nous sommes passés de 1,5 million à 2 millions de salariés couverts par un accord d'intéressement. D'ici la fin 2022, nous devons atteindre les 3 millions. La France doit continuer à porter avec force cette idée simple et juste que les salariés font la valeur de l'entreprise et doivent donc y être directement associés. Les salariés actionnaires, de la PME à la grande ETI, sont des salariés investis, conscients des défis économiques et intéressés à les relever.

Ce sont aussi des salariés qui aiment leur travail et qui

le font dans des conditions satisfaisantes. Les confinements liés au Covid ont changé le rapport au travail. Pour combien de temps ? Quelle sera la durée de cet éloignement du cadre professionnel, de cette pratique du télétravail qui est devenue une envie de travailler chez soi, sans avoir matin et soir des heures de déplacement quotidien dans les transports en commun ou dans sa voiture ? Quelles sont les attentes que traduisent ces changements de comportement ? Quelles seront les conséquences sur nos rapports professionnels et sociaux ? Il est trop tôt pour répondre, mais nous devrons tenir compte de ces attentes, si nous ne voulons pas ouvrir une nouvelle déchirure entre la France qui travaille chez soi et la France qui se déplace au travail.

À Sélestat, alors que je venais soutenir mon conseiller politique Charles Sitzenstuhl pour les élections départementales, à une heure d'intervalle j'ai entendu Corinne, secrétaire de direction dans une agence d'intérim, m'expliquer qu'elle travaillait aussi bien de chez elle et que cela lui économisait la garde de son premier enfant, et Denis, chauffagiste, se plaindre que ses salariés étaient entrés dans « un confort de vie ». Je laisse à Charles, largement élu, le soin de réconcilier Corinne et Denis, mais je mesure que ce mélange de besoin de reconnaissance, d'aversion à la contrainte horaire, qui explique le plus souvent les difficultés de recrutement dans l'hôtellerie et la restauration, de fatigue générale et de repli sur soi dresse un tableau compliqué des lendemains du Covid. Il va nous demander à tous de l'imagination, de la volonté, de la compréhension aussi, pour que la France ne se contente pas de redémarrer dans quelques secteurs, mais que, collectivement, elle retrouve ce qui a toujours fait sa force : la qualité de son travail.

La grande cause nationale : l'éducation

Avant de me lancer en politique, j'ai exercé deux autres métiers : enseignant et diplomate. Si j'ai pris du plaisir dans les deux, en revanche je ne me serais vu faire carrière toute ma vie ni dans l'un ni dans l'autre. Cela ne m'empêche pas de rêver reprendre un jour l'enseignement de la littérature.

Mon premier cours serait consacré à Proust : « Comment Proust vous ouvre les portes d'un autre monde. »

Au début du cours, je rendrais hommage à mon directeur de thèse, Jean-Yves Tadié. Une après-midi de juin 1994, juste avant le départ en vacances, il avait demandé à me voir dans son bureau de la Sorbonne, rue des Écoles. C'était une soupente sous les combles, écrasée de chaleur, qui l'obligeait à plier en deux sa grande carcasse d'insecte pour se déplacer. Il s'était assis, avait joint ses deux mains sous son menton : « Elle démarre bien votre thèse, mais vous ne la finirez jamais. Vous ferez autre chose. » Il avait balayé l'espace vide de son long bras démantibulé, brisant les rais de lumière où dansaient des particules de poussière : « Et quand on voit ça ! Cette misère ! Pourquoi est-ce que vous resteriez là ? » Son ton était devenu plus sec, il avait penché la tête, puis caressant son crâne lisse comme un os de la paume de sa main, il avait ajouté, sans me regarder, la tête inclinée comme un pénitent : « Partez ! Partez ! » Jean-Yves Tadié est un grand chercheur, un des proustiens les plus reconnus, un homme attachant, un professeur de grande envergure : mais à un de ses étudiants, qui hésitait dans son orientation, il avait dit : « Partez ! », comme si l'université, de mère nourricière, était devenue une vieille femme acariâtre, incapable de nourrir ses enfants.

De l'eau a coulé sous les ponts depuis.

Des réformes importantes des universités ont été conduites sous Nicolas Sarkozy comme sous Emmanuel Macron. Des premiers résultats positifs sont tombés, comme la treizième place de l'université de Paris-Saclay dans le classement de Shanghai en 2021. La loi de programmation de la recherche pour 2021-2030, malheureusement éclipsée par un débat oiseux sur l'islamo-gauchisme dans les universités, illustration de notre inclination fatale aux querelles sémantiques en lieu et place des débats sur le réel, prévoit de porter les crédits des universités de 15 à 20 milliards d'euros par an. Elle représente un effort financier considérable pour notre recherche publique. La loi PACTE a également simplifié les liens entre recherche et développement industriel, chercheurs et monde économique, science et start-up. En bref, nous ne sommes pas restés les deux bras croisés à observer le décrochage français, qui remonte à loin.

Il n'en reste pas moins que la France au cours des vingt dernières années n'a pas tenu son rang universitaire parmi les grandes nations du monde ; que nos résultats en matière de recherche appliquée sont décevants ; que l'incapacité de nos laboratoires à produire un vaccin contre le Covid a été vécue comme une humiliation collective, alors même que l'Institut Pasteur avait découvert le principe de l'ARN messager dès 1961.

Nous devons donc poursuivre notre effort en faveur des universités, de l'enseignement supérieur et de la recherche, en faisant évoluer dans le même temps les règles qui entravent le développement industriel de nos découvertes, cloisonnent les secteurs, limitent encore la nécessaire autonomie des universités. Nous ne devons pas hésiter à poser la question épineuse du financement de cet effort : en France, 77 % du financement de l'enseignement supérieur viennent de l'État. Les frais d'inscription restent limités. Est-ce vraiment le modèle le plus efficace ? Et surtout, le plus juste ? Je préfère que nous ouvrions la voie à des prêts étudiants à remboursement contingent, fonction du niveau de rémunération au début de la vie active, que nous réduisions le nombre de boursiers mais que nous augmentions le niveau des bourses, plutôt que de laisser une partie de nos universités face à des problèmes de financement insolubles, au moment où nous devrons rétablir nos finances publiques. Fixons-nous un nouvel objectif : 60 % d'une classe d'âge avec un diplôme de l'enseignement supérieur à échéance de dix ans. Et donnons-nous les moyens pratiques de l'atteindre. Sans quoi se développera une nouvelle injustice, plus insidieuse, moins visible, mais tout aussi déterminante pour notre avenir national, qui est le départ d'un nombre croissant d'étudiants issus des catégories sociales les plus élevées vers des universités étrangères. On dénonce souvent le système à deux vitesses des grandes écoles et des universités, en oubliant combien grandes écoles et universités se sont rapprochées au cours des dernières années, à force de passerelles et de cursus conjoints. On refuse de voir que le vrai fossé qui se creuse est celui entre les étudiants internationalisés et les autres, entre ceux qui peuvent s'inscrire à McGill, Stanford, King's College et ceux qui n'auront jamais les moyens, ou même l'idée de le faire. La solution ne consiste pas à dénoncer ceux qui partent, mais à leur donner l'envie de rester, en visant l'excellence en France.

Est-ce que cela sera suffisant ? Non. Nous devons aller plus loin que le seul enseignement supérieur et faire de l'éducation la grande cause nationale du prochain quinquennat.

Tout le travail de fond engagé par le ministre de l'Éducation nationale commence à porter ses fruits, en particulier le dédoublement des classes de CP et de CE1 dans les réseaux d'éducation prioritaire. Jean-Michel Blanquer a renforcé l'apprentissage des savoirs fondamentaux, il a valorisé l'apprentissage, il a remis sur pied un édifice éducatif qui tanguait dangereusement.

Trois nouveaux chantiers pourraient prendre le relais.

Le premier chantier aurait trait à la carrière et à la formation des enseignants. Il pourrait poser la question du statut des enseignants, de la durée de leur contrat dans la fonction publique, de leur reclassement après dix ou quinze ans de carrière. Pour beaucoup d'enseignants, leur métier est une vocation ; pour d'autres, c'est un moment de leur vie professionnelle. Pourquoi n'auraient-ils pas droit à une deuxième carrière ? À un moment où chacun passe d'un métier à un autre, où les vies professionnelles sont de plus en plus diversifiées, pourquoi les agents de l'Éducation nationale n'auraient-ils pas eux aussi cette chance ? Cette réflexion devrait inclure la définition d'un nouvel équilibre entre décharges horaires, temps de formation et meilleure rémunération. Personne ne peut se résoudre à voir de moins en moins de candidats se présenter aux concours de recrutement de l'Éducation nationale. Personne ne peut accepter que les professeurs qui forment nos enfants, en particulier au primaire, soient à compétence égale parmi les moins bien payés des nations occidentales. Le déclassement des professeurs entraîne inéluctablement le déclassement de la nation.

Le deuxième chantier pourrait traiter une autre question sensible : celle de la plus grande autonomie pédagogique et de recrutement des établissements scolaires. Elle suppose de renforcer le pouvoir des chefs d'établissement, y compris le pouvoir de recrutement, comme l'a suggéré le président de la République en déplacement à Marseille, en septembre 2021. Les cris d'indignation que son projet d'expérimentation a soulevés parmi les oppositions et les organisations syndicales montre combien il a touché un point sensible de notre système, pour ne pas dire une défaillance. L'autonomie demande de tenir compte des réalités de nos territoires en termes d'emploi et de formation. La diversité de la France est un atout. Elle devient un handicap quand on lui impose une uniformité de disciplines, quand on refuse de tenir compte des progrès considérables des sciences cognitives. L'école de Jules Ferry peut faire rêver les nostalgiques de la craie, du tableau noir et des blouses grises. Si elle ne remplit plus la promesse républicaine de l'égalité des chances, est-ce qu'elle ne doit pas être réinventée ?

Le troisième chantier enfin, largement ouvert sous ce quinquennat, est celui des moyens supplémentaires pour les zones en grande difficulté, dans les quartiers prioritaires comme dans les zones rurales. Il devrait autoriser des expérimentations en matière de mixité sociale. Mieux vaut donner des atouts complémentaires à ceux qui en ont moins au départ, plutôt que de lester les enfants des catégories aisées de handicaps qui révoltent leurs parents et nourrissent un sentiment d'injustice. Refuser un élève de talent dans un Institut d'études politiques, au motif qu'il vient d'un excellent lycée de Paris, de Toulouse ou de Lyon, est aussi révoltant que de ne pas donner sa chance à un élève issu d'une petite commune rurale.

Le mérite est une idée française, au cœur de notre modèle éducatif ; c'est aussi une idée moderne. Pour qu'elle ne reste pas une pétition de principes, comme trop souvent désormais les promesses républicaines, elle doit nous conduire à nous interroger sur les dispositifs complémentaires que nous mettons en place pour les enfants qui partent dans la vie avec un handicap culturel ou financier. L'intuition du dédoublement des classes est la bonne ; elle doit devenir une politique globale, qui redonne au mérite le lustre qu'il a perdu, celui dont brillent les choses réelles, pas les illusions déçues.

2

Envers et contre tout : l'autorité

« Le premier de tous les biens, disait Rousseau, n'est pas l'autorité, mais la liberté[1]. » Et la liberté s'acquiert par l'éducation. Je ne démords donc pas de cette conviction : l'éducation doit constituer la colonne vertébrale de notre action politique pour les années à venir. Elle seule redonnera à chacun l'espérance de réussir dans la vie, quel que soit son lieu de naissance, quelle que soit son origine. Elle seule nous permettra de tenir la promesse si ambitieuse de l'égalité. Il serait donc dommage que les débats de la prochaine élection présidentielle se focalisent uniquement sur les questions de sécurité et de délinquance, en laissant de côté la question éducative. Les premières sont plus spectaculaires, elles nous touchent tous ; la seconde détermine largement la place de notre nation dans le monde.

---

1. Jean-Jacques Rousseau, *Émile ou De l'éducation*, Livre II.

Ordre et autorité

Cela ne m'interdit pas de penser que le rétablissement de l'autorité est un préalable à tout. Sans autorité, la société se décompose, les individus se replient sur eux-mêmes, le citoyen ne croit plus en rien, ne vote plus que par colère ou ne vote plus du tout, c'est le règne du chacun pour soi, de la défiance, de l'exaspération permanente. La justice ne passant plus, chacun est tenté de se faire justice par soi-même. Les forces de l'ordre se résignent. L'ordre cède la place au désordre. La France n'en est pas encore là. Mais dans certains points de son territoire, dans des quartiers de Paris gangrenés par le trafic de crack, dans certaines cités où on ne met plus les pieds, dans des immeubles, dans des cages d'escalier, dans des zones à proximité de Strasbourg où l'islam politique gagne du terrain, l'autorité de l'État vacille.

Le président de la République et son ministre de l'Intérieur Gérald Darmanin ont eu raison de faire de ce combat un enjeu prioritaire. Ils le mènent avec constance ; ils le mènent avec détermination. Mon rôle n'est certainement pas de faire des propositions précises dans ce domaine. En revanche, il me semble nécessaire que chacun prenne la mesure des enjeux et ne cède pas non plus aux caricatures que ces sujets produisent rapidement et à grande échelle, avec le soutien de responsables politiques à court de propositions. J'ai connu une campagne présidentielle ratée : la campagne de 2002. La question de la sécurité a saturé tous les débats. On ne pensait plus, on invectivait. On ne raisonnait plus, on accusait, on attaquait ; pour reprendre une magnifique expression du cinéma français, « on dispersait façon puzzle ». Comme dans tout bon film, il fallait un épilogue, même si l'épilogue ici, relayé avec complaisance par tous les médias, n'aura été que tristesse et désolation : ce sera l'agression de papy Voise le 18 avril à Orléans, qui aura sans doute brutalement gonflé le flot des électeurs de Jean-Marie Le Pen et l'aura embarqué dans la galère du second tour, pour mieux sombrer.

Résultat : en 2002, aucun des grands enjeux nationaux touchant à l'économie, à l'emploi, à la culture, à l'éducation ou à la recherche, n'a été posé. Dans le même temps, l'Allemagne, l'homme malade de l'Europe, engageait son programme de redressement de son économie et de ses finances publiques, qui devait en faire la nation économique la plus puissante en Europe. À deux moments au cours des vingt dernières années, la France a divergé de ses grands partenaires européens : en 2002, avec cette élection ratée ; en 2008, avec la crise financière. Dans les deux cas, nous avons fait des choix soit politiques, soit financiers, qui nous ont écartés de nos partenaires européens. Nous soldons encore les comptes. Pour que l'élection présidentielle de 2022 ne réécrive pas la même histoire que celle de 2002, nous devons traiter le sujet crucial de l'autorité, mais à la bonne hauteur, en mesurant ce qui se joue derrière et en traitant les problèmes un à un.

Où est la vraie difficulté ?

Je l'ai déjà évoqué : dans toutes les nations occidentales, en France comme ailleurs, partout, dans tous les domaines et pas uniquement celui de la sécurité, l'autorité est battue en brèche. Et avec elle, l'unité de la nation. L'autorité suppose la vérité des faits, la vérité du savoir, la vérité des institutions, la vérité des consciences, qui construisent une société et une nation. Les réseaux sociaux ont réduit en miettes cette vérité. Ils dispersent les individus. Ils les isolent. Ils rongent la nation. Plus de vérité dans les esprits, mais bien des miettes de faits, des miettes de propos rapportés, d'images, de sons, de ragots, de mensonges, de manipulations qui, au bout du compte, font un pain indigeste, qui est notre pain quotidien. « La lecture du journal, disait Hegel, est la prière du matin de l'homme moderne. » La plongée dans les réseaux sociaux est le bain quotidien de l'homme du XXIe siècle. Il en sort non pas lavé, mais poisseux, avec une drôle de réalité qui lui colle à la peau comme un second vêtement mental.

Ces réseaux chamboulent les équilibres des forces : le faible devient le fort, le fort devient le faible.

Dans la vaste horizontalité digitale, plus personne ne se trouve en position d'autorité. À entrer sur ce terrain, le responsable politique prend le risque de tomber de son piédestal, qui du reste se lézarde depuis des lustres. En acceptant en octobre 2013 de dialoguer avec la jeune Leonarda Dibrani par réseaux interposés, François

Hollande perdit en quelques heures sa dignité de président de la République, qu'il avait mis cinquante ans à gagner. Nous étions au début de son mandat. Le poison de la défaite avait été instillé et ferait son œuvre quatre ans plus tard. Le ridicule ne tue pas, mais il affaiblit. Il fait perdre au pouvoir politique ce que les Romains appelaient à juste titre la « gravité » : quelle « gravité » reste possible dans un monde où le sarcasme est roi et la surface, en lieu et place de la profondeur, le nouveau terrain de jeu de nos mentalités ?

Face à cette réalité technologique nouvelle, personne, certainement pas les responsables publics, ne peut fuir. Fuir, ce serait se retrouver hors jeu, perdre toute visibilité, disparaître de la surface des réseaux, donc de la surface du monde.

La question migratoire

On peut en revanche ne pas se laisser entraîner dans la pente glissante de la surenchère, qui transforme les débats politiques en une plaque de glace fragile, sur laquelle on glisse, on tombe, quand elle ne cède pas brutalement sous votre poids. Le monde virtuel a une limite : le monde réel. Matteo Salvini[1] peut jouer pendant des mois avec les reconduites à la frontière sur les réseaux

1. Ancien ministre de l'Intérieur italien.

sociaux, dénoncer les passeurs, il peut poser le ventre à l'air sur son compte Twitter en fustigeant la lâcheté de Rome, mais à un moment il faut bien que Naples compte moins de clandestins. Donald Trump, s'il avait pris au sérieux la menace du Covid et affronté la réalité de la crise sanitaire, aurait peut-être été réélu. On peut rire de tout désormais, on ne peut pas néanmoins jouer avec la santé de ses compatriotes, à force de tweets contradictoires, pour un jour dénoncer un complot politique autour des vaccins, le lendemain se féliciter du succès de Pfizer-BioNTech. À la fin, de peu, et malgré une contestation acharnée sur les réseaux de la vérité du scrutin, Donald Trump fut battu. La réalité, comme la vengeance, est un plat qui se mange froid. « *Twitter helped Trump, Twitter killed Trump*[1] », me résuma laconiquement un de ses conseillers économiques au lendemain de sa défaite.

À cette surenchère verbale sans fin, particulièrement marquée dans les domaines de la sécurité, de la délinquance, des attaques aux personnes et de l'immigration illégale, où l'émotion l'emporte souvent sur la raison, je continue de préférer contre vents et marées la retenue de la parole et la fermeté de l'action. Elles me semblent plus propices au rétablissement nécessaire de l'autorité de l'État. Sur le seul sujet migratoire par exemple, les premières escarmouches de la campagne présidentielle ont amené des candidats putatifs à proposer la suspension

1. « Twitter a aidé Trump, Twitter a tué Trump. »

pour cinq ans du regroupement familial, voire de toute immigration. Succès d'audience garanti. Mais pour quelle efficacité ? Si ces candidats devaient accéder au pouvoir et tenir leur promesse, ils auraient à affronter le droit national, le droit européen, la cour de justice européenne et sa jurisprudence constante dans ce domaine. Tarif : des mois de guérilla juridique, pour un résultat incertain. Sans doute y sont-ils indifférents mais ils se trouveraient aussi confrontés à des situations humaines douloureuses, à des familles déchirées, à des enfants séparés de leurs parents. Jouer sur les critères du regroupement familial, sur le niveau de revenu nécessaire pour avoir droit à ce regroupement, sur la qualité du logement, sur la maîtrise de la langue serait sans doute moins spectaculaire, mais produirait des effets plus rapides. Cette option exigerait une capacité à contrôler effectivement les critères, pour les faire respecter. Elle demanderait donc de vérifier l'adéquation de la norme et du réel, plutôt que de vouloir changer le monde et la vie. N'est-ce pas le propre de l'autorité ?

L'autorité n'évacue pas la réalité, elle s'y confronte.

L'autorité ne remet pas en cause le droit d'asile qui a explosé au cours des dernières années en France et que la crise afghane ne fera que rendre encore plus sensible : elle évite son détournement. Chacun sait qu'un demandeur d'asile en France a devant lui un long parcours juridique qui lui permet de rester sur notre territoire pendant des années avant de se voir expulser. La demande d'asile est une course d'obstacles pour les services des préfectures, une course contre la montre pour les demandeurs. Un jeune demandeur interpellé en situation illégale prétendra être mineur : il faudra des mois pour établir sa majorité. Sa majorité établie, il utilisera toutes les voies de recours pour échapper à l'obligation de quitter le territoire français[1] : des mois encore de procédure. Les recours épuisés, il pourra toujours compter sur la réticence de son pays d'origine à lui accorder un laisser-passer consulaire. Au bout du compte, l'obligation de quitter le territoire devient un droit à la nationalité. La procédure de droit d'asile est détournée de sa finalité. L'autorité de l'État est bafouée.

Les Français ne demandent pas la lune en matière d'autorité. Ils exigent simplement que le droit actuel soit respecté. Plutôt que de jouer les juristes et de produire un nouveau droit, donnons-nous donc les moyens de le faire appliquer. La tâche est immense. Elle est vitale désormais.

Cybercriminalité

Cette question de l'autorité peut sembler éloignée de nos sujets économiques. Elle est pourtant au cœur des nouveaux enjeux du XXIe siècle.

En marge du sommet *Choose France* de 2021, je

1. OQTF.

demandais à des grands patrons français quelle était selon eux la principale menace qui pesait sur leurs activités. L'un mit en avant le coût des matières premières, qui avait explosé avec la reprise économique mondiale ; un autre insista sur l'accès aux matières rares, cobalt, lithium, platine et toutes sortes de composants nécessaires à la fabrication des semi-conducteurs ou des batteries électriques ; un dernier souligna le risque inflationniste. Patrick Pouyanné, le président de Total, fit la moue et répondit : « La cybercriminalité. – La cybercriminalité ? Pourquoi ? – Parce que la seule chose qui peut désorganiser mes activités en quelques instants, c'est une attaque cyber contre mon réseau informatique. Il suffit d'une attaque bien ciblée pour stopper net mon approvisionnement en matières premières et désorganiser mes réseaux de distribution. »

Le monde numérique a accéléré la circulation des biens. Il a optimisé leur gestion. Il les a aussi exposés à des incidents techniques dont les conséquences pourraient être incalculables. Le monde économique numérique est plus efficace, il est aussi plus vulnérable.

En déplacement en Arabie saoudite, je fus invité à visiter le centre de contrôle de la production des puits de pétrole de la Saudi Aramco, à Riyad. Je me retrouvai au sommet d'une tour moderne, dans une salle immense dont les baies vitrées donnaient sur la capitale. Des salariés en djellabas blanches, la tête enfoncée dans leurs keffiehs, glissaient avec leurs sandales sur le sol en marbre blanc, le regard vissé sur un écran de contrôle de la taille d'un terrain de tennis. On y voyait un réseau de tubes bleu nuit, des puits en pixels lumineux, des indices de pression, des statistiques de production. Amin H. Nasser, le président de la Saudi Aramco, m'expliqua qu'à partir de cet écran, il pouvait contrôler toute la production de pétrole du pays. Que redoutait-il ? Une attaque sur son réseau. Il avait mis en place un dispositif puissant de détection et de réplique à une éventuelle attaque. Mais il avait ajouté, avec un brin de sourire dans sa barbe taillée court : « *You know, Your Excellency, you have to be vigilant. One day, data will kill the data. You always have to be one step forward*[1]. »

1. « Vous savez, Excellence, vous devez rester vigilant. Un jour, les données tueront les données. Vous devez toujours avoir un temps d'avance. »

3

Le jeu du sumo : gagner du poids économique

La démondialisation est à la mode ; mais elle n'est à la mode qu'en France. Les autres puissances ont compris qu'au lendemain de la crise du Covid, le commerce mondial ne ralentirait pas, il accélérerait. La pénurie de matières premières en est un premier indice ; l'envolée des cours, un deuxième ; la lutte pour la maîtrise des terres rares, un troisième ; le temps d'attente des supercontainers à l'entrée du port de Shanghai, que Rodolphe Saadé, le président de la compagnie CMA-CGM, évaluait au printemps 2021 à plusieurs jours, contre quelques heures naguère, un dernier.

La mondialisation ne faiblit pas, elle change de nature : elle était universelle, elle devient régionale ; elle était un facteur de paix, elle devient un terrain d'affrontement entre normes chinoises et normes américaines, technologies chinoises et technologies américaines, réseau de surveillance chinois et réseau de surveillance américain. Pour faire bref, nous avions une mondialisation unique ; nous assistons désormais à un découplage de la mondialisation. Chacune des deux grandes puissances tente d'imposer son réseau de règles aux autres nations, dans son voisinage immédiat et au-delà.

Ce mouvement inéluctable est le fond de scène de la guerre sans merci que les États-Unis et la Chine ont décidé de se livrer, pour la place de première puissance mondiale. Pour le moment, la guerre se joue sur les terrains relativement paisibles du commerce, de la finance, des monnaies digitales, des technologies de pointe, des lanceurs spatiaux. Elle peut glisser en un instant dans la confrontation militaire, à Taïwan ou ailleurs. Pour nous, Européens, cette guerre est une mauvaise nouvelle. Elle va nous obliger à faire ce que nous détestons par-dessus tout : prendre position. Je ne dis pas prendre position pour la Chine ou pour les États-Unis : notre histoire, nos valeurs, notre attachement à la démocratie, nos intérêts de sécurité nous rangent du côté des États-Unis et pas de la Chine. Mais je dis : définir nos intérêts stratégiques ; examiner le niveau d'indépendance économique auquel nous voulons parvenir sur les productions critiques comme les médicaments, les semi-conducteurs, l'intelligence artificielle, les réseaux de communication ; évaluer notre capacité à résister aux mesures de rétorsion commerciale auxquelles nous aurons à faire face et qui peuvent désormais venir, nous le savons depuis Donald Trump, de Washington aussi bien que de Pékin. Il faudrait être bien naïf pour penser que le passage d'un Président républicain à un Président démocrate change quoi que ce soit à l'isolationnisme des Américains ou à leur obsession chinoise.

En bref, dans ce début de XXIe siècle, les Européens vont devoir apprendre à devenir adultes, donc seuls.

« Tu as été pesé dans la balance
et tu as été jugé trop léger[1] »

Nous avons beau faire, depuis le début du XXIe siècle, nous n'y arrivons pas : la balance commerciale de la France reste structurellement déficitaire. Pour être précis, elle a été excédentaire jusqu'en 2000, elle s'est légèrement dégradée ensuite, avant de plonger à partir de 2005. Elle est toujours négative depuis, entre 40 milliards de déficit les bonnes années, et 75 les mauvaises. Pour nous rassurer, nous pouvons toujours nous dire que notre nomenclature ne comptabilise que les échanges de biens, hors services, contrairement par exemple à la nomenclature américaine. La balance des paiements courants, qui, elle, comptabilise aussi les services, améliore donc notre solde. En 2020, ce solde passe de 65 milliards à 53. Maigre consolation.

Car ces artifices ne trompent personne : la France est en situation d'échec depuis vingt ans en matière de commerce extérieur. Dans la balance du commerce mondial, nous ne pesons pas lourd, nous pesons de moins en moins.

Est-ce grave ?

1. Daniel, 5, 27.

Pour certains, non. Ils vont expliquant la bouche en cœur que nous sommes en réalité en avance sur la démondialisation et que la France, phare de la pensée universelle, éclaire un nouveau chemin, celui du repli sur soi, de la décroissance, de la sobriété, de la fermeture des routes commerciales. Ces prophètes des villes me font penser aux aristocrates des champs du XVIIIe siècle qui trouvaient vulgaires le développement de nouvelles voies de navigation, l'appétit du gain des Hollandais, la liberté financière des Britanniques, la fréquentation des routes dans les Flandres. Au bout du compte, ils précipitèrent la France dans la ruine et provoquèrent une révolution. Précisément parce que la France a une vocation universelle, elle doit être lucide sur le monde tel qu'il est, et non tel que nous voudrions qu'il soit.

Ce sont en général les mêmes qui accablent l'euro de tous les maux et le rendent responsable de nos difficultés commerciales. On peut reconnaître que la définition des parités de l'euro en 1999 a été favorable à l'Allemagne, pas à la France. On peut avoir des réserves, émettre des critiques, proposer de nouveaux chemins comme les émissions de dette en commun. Mais attribuer au seul euro la responsabilité de nos pertes de marchés, de notre affaiblissement industriel au cours des trois dernières décennies, de notre repli technologique, c'est manquer de lucidité et s'enfermer dans une posture de victime, dont aucune nation ne sort jamais grandie. L'euro n'a pas torpillé notre commerce extérieur, il l'a obligé à naviguer en haute mer, sans artifice, vent de face. En mettant toutes les nations européennes à parité égale, en les privant de la possibilité de dévaluer, il a exposé crûment nos faiblesses : mauvais positionnement de gamme, poids de la facture énergétique, spécialisation industrielle trop étroite, abandon de secteurs jugés obsolètes, qui pourtant répondaient à une demande croissante des pays en voie de développement : textile, machines-outils, appareils électroménagers.

Le tout enrobé, comme souvent en France, dans un discours intellectuel percutant, comme celui de Serge Tchuruk, le patron d'Alcatel, qui annonce en juin 2001 vouloir faire d'Alcatel une « entreprise sans usines ». À l'époque, les actionnaires avaient apprécié, les 150 000 salariés du groupe, qui en étaient pourtant le premier atout, moins. Quand Serge Tchuruk tient ces propos, il voit juste sur un point majeur : les données dématérialisées auront bientôt plus de valeur que la fabrication manufacturière. Mais il se trompe radicalement sur les conséquences économiques à en tirer : le bon choix stratégique n'était certainement pas de délocaliser massivement la production en Asie ou dans l'est de l'Europe, dont les coûts de production rejoindront un jour les nôtres, mais de digitaliser nos entreprises, de former les salariés à de nouvelles compétences, de monter en gamme, d'innover davantage sur le territoire national. La désindustrialisation de la France est le produit monstrueux du manque de courage des responsables politiques et de l'orgueil des élites économiques.

Nous avons donc accumulé les erreurs depuis deux décennies, ou plutôt, nous avons refusé de voir nos faiblesses en face, pour les corriger. Tout ce que nous avons commencé à corriger avec Emmanuel Macron, Franck Riester et le gouvernement depuis quatre ans, et qui doit être poursuivi avec encore plus de détermination si nous voulons inverser la tendance de la désindustrialisation, se résumait auparavant à des mesures isolées, sans cohérence globale. Dans le fond, sans le dire, nous pensions que tout finirait par s'arranger mécaniquement, qu'il n'y avait pas péril en la demeure, que notre balance commerciale finirait bien par se redresser par je ne sais quel miracle.

Mais de miracle, point. À la place, la dure réalité du monde économique, en espèces sonnantes et trébuchantes : 65 milliards de déficit.

Lors d'un banquet que donnait le roi Balthazar, où les convives mangeaient dans de la vaisselle d'or et des coupes volées au Temple, une main inconnue vint écrire : « *Méné, méné, tekel, upharsin.* » Aucun des convives ne comprit le présage. Le roi fit venir les astrologues et les devins : ni les astrologues ni les devins ne surent interpréter le sens des mots inscrits sur la chaux de la muraille. Alors Balthazar fit venir Daniel, un juif exilé emprisonné par son père Nabuchodonosor. Daniel traduisit les mots araméens : « Une mine, une mine, un shekel et la moitié d'une mine. » Puis il donna son interprétation : « Pesé, jugé, tu n'as pas fait le poids, royaume divisé. » Avant la fin de la nuit, le roi Balthazar était assassiné, Darius se hissait sur le trône de Babylone et un nouveau règne s'ouvrait.

Le déficit de notre balance commerciale ne va pas entraîner la France dans pareil effondrement, mais il nous affaiblit. Il nous relègue loin des autres grandes nations du monde. Encore plus, il nous distrait de notre vocation nationale, qui est de gagner le monde, pas de le subir. Voilà pourquoi je fais du rétablissement sur dix ans de cet indicateur une priorité pour le prochain quinquennat.

La reconquête industrielle

Nous devons donc produire plus, nous devons produire mieux.

Le succès de notre économie de services est un atout considérable dans la compétition mondiale. Elle ne remplacera pas pour autant une industrie puissante, dont les retombées sur les territoires, sur les emplois de service, sur l'innovation et sur l'indépendance politique d'une nation sont considérables.

Pour réussir cette reconquête industrielle, nous devons avant tout arrêter de penser les activités industrielles de manière verticale, comme autant de filières isolées. Dans l'économie contemporaine, les services et l'industrie sont totalement intégrés, la finance ne peut être mobilisée pour les investissements industriels qu'en fonction de critères verts qui seront, notamment à notre initiative, de plus en plus stricts et transparents, le poids de la fiscalité décide du maintien ou non de certaines usines, la formation est décisive, l'accès à une énergie sûre et décarbonée comme l'énergie nucléaire représente un atout compétitif majeur, les données sont aussi précieuses que les matériaux ou les objets. Fournissez un Airbus A350 à des ingénieurs chinois, ils pourront le désosser, le démonter pièce par pièce, ils n'arriveront pas à le reproduire à l'identique. Ouvrez-leur la banque de données de l'A350, ils fabriqueront le même à l'identique en trois mois.

La reconquête industrielle n'est donc pas seulement un choix économique : c'est avant tout un choix politique, donc un choix global. Elle suppose de nous fixer des objectifs chiffrés, comme pour notre balance commerciale : nous pourrions avoir pour ambition que l'industrie représente cinq points de plus dans notre richesse nationale dans les cinq prochaines années, soit 17 % environ contre 12 % actuellement, et 20 % sous dix ans.

Cette ambition doit s'appuyer sur une stratégie volontariste en quatre volets, qui correspondent aux orientations fixées par le président de la République depuis cinq ans.

Sans rentrer dans le détail technique, je les décline rapidement.

La première orientation est l'innovation, qui doit nous permettre de monter en gamme et de créer de nouvelles chaînes de valeur en France. Le maintien du crédit impôt recherche, le plan de relance et le plan d'investissement, le soutien aux chercheurs répondent à cette exigence. Nous ne pourrons pas innover partout, nous devons avoir conscience que dans certains domaines nous ne pourrons plus rattraper notre retard. La sélectivité des projets sera donc une condition de leur succès. À chaque fois, ils devront répondre à trois critères : l'existence d'une base industrielle, la maîtrise du savoir-faire technologique, le dynamisme du marché.

La deuxième est la formation. Chaque industrie doit pouvoir compter sur une offre de formation adéquate. Quand une filière ne trouve plus les compétences dont elle a besoin, ou quand ces compétences ne sont plus au meilleur niveau, en général toute la filière décline rapidement. La manière dont nous avons découragé les jeunes de s'orienter vers la production d'énergie nucléaire explique largement la perte de savoir-faire dans ce domaine et les défauts enregistrés dans la construction des nouveaux EPR, par exemple à Flamanville, qui se soldent par autant de retards. Il faut cinq ans pour former un soudeur nucléaire de qualité ; autant pour un chaudronnier. En soutenant la filière nucléaire dans le cadre du plan de relance, nous avons donc mis sur pied une université des métiers du nucléaire : à mes yeux, elle est aussi importante que le demi-milliard d'euros d'investissement dans la recherche nucléaire et dans les réacteurs de petite ou de moyenne taille. La bataille industrielle est aussi une bataille culturelle. Nous devons faire comprendre que Zola a laissé la place, dans la plupart des usines, à Steve Jobs.

À Toulouse, lorsque les compagnons qui travaillent sur la carlingue du fameux A350 fixent des rivets, ils le font avec des lunettes équipées d'une technologie 3D de Microsoft, reliée à la base de données de Dassault Systèmes 3DX, qui enregistre chaque geste et le corrige en temps réel, tout en conservant la mémoire de ces milliards de données dans un cloud sécurisé. Ces compagnons sont certainement les héritiers des ouvriers aéronautiques des années 60, qui rivetaient mécaniquement les Caravelle, mais ils travaillent désormais avec le virtuel. Leur métier est une fierté, une lourde responsabilité et un jeu.

La troisième orientation est la réduction du coût de la production industrielle en France. Au-delà des choix mentionnés plus haut sur les charges sociales et sur la baisse des impôts de production, nous devons désormais nous interroger sur le calcul de ces coûts et sur les conséquences supplémentaires que nous en tirons. Ce calcul devrait en effet intégrer non seulement les coûts financiers, mais aussi les coûts sociaux et environnementaux des délocalisations. À partir de quel écart de coût sommes-nous réellement, tout compris, moins compétitifs que d'autres pays ? À quoi bon délocaliser une usine de production de banquettes arrière de voiture, si c'est pour gagner 15 centimes d'euros par banquette et en perdre le double en CO_2, le triple en indemnisations chômage ? Ce coût global nous permettra de mieux mesurer l'effort financier qu'il nous reste à faire et de définir les instruments pour y parvenir : faut-il aller plus loin dans la baisse des impôts de production ? En échange de quelles coupes dans les aides aux entreprises ? Faut-il également relever le seuil d'allègement des charges sociales, pour tenir compte de la montée en qualification, et donc en niveau de rémunération, des salariés de l'industrie ?

Autant de questions que je ne veux pas trancher ici, mais dont les réponses décideront aussi de la rapidité de notre reconquête industrielle. Car si la tendance sera déterminée par la montée en gamme de nos produits, la vitesse sera fonction de ces conditions financières.

Quatrième et dernière orientation : la préservation de nos atouts stratégiques. Cela devrait aller sans dire. Mais quand on voit la manière dont le nucléaire est vilipendé par certains, il est utile de le rappeler. Quand on entend le mépris de certains à l'égard des industries dites traditionnelles, il est bon de marteler que l'industrie du futur se construit sur les bases de l'industrie du passé, pas sur ses ruines. Et que nombre de grands succès industriels tricolores sont enregistrés aussi dans ces secteurs. SEB, champion mondial du petit électroménager, n'a cessé de gagner des parts de marché depuis qu'en 1857 Antoine Lescure, un rétameur ambulant de Bourgogne, a créé sa propre ferblanterie, qui deviendra la Société d'électroménager de Bourgogne en 1944. De rachat en rachat de marques aussi connues que Rowenta, Moulinex ou Lagostina, SEB est devenu un géant industriel, avec 7,5 milliards d'euros de chiffre d'affaires et 34 000 salariés répartis dans plus de soixante pays dans le monde. À qui viendrait l'idée de considérer cette activité comme dépassée ? Et pourquoi dans les textiles techniques, dans le médicament, filières traditionnelles de la France, nous ne reprendrions pas aussi des parts de marché ?

L'amour du risque

Dans les années 80, une série télévisée un peu ringarde s'appelait *Pour l'amour du risque*. En version originale : *Hart to hart*. Elle mettait en scène un couple de milliardaires qui, plutôt que de profiter à Miami de son immense fortune, se lançait dans des enquêtes toutes aussi rocambolesques les unes que les autres.

Cet amour du risque, il a largement disparu en France. Pour conserver notre rang de grande puissance économique, de grande puissance tout court, qui peut encore prendre la parole aux Nations unies ou au Conseil européen en suscitant le respect, nous devons le retrouver. Ce qui suppose entre autres changements culturels de ne plus stigmatiser l'échec comme nous aimons le faire en France. L'échec n'est pas la fin de la vie, l'échec est une étape dans la vie.

En avril 1984, François Mitterrand rencontra le jeune Steve Jobs près de San Francisco, au siège d'Apple. C'était encore l'époque où un président de la République française inspirait davantage de respect qu'un geek californien. Il pouvait lui donner des conseils, avancer des recommandations, Steve Jobs écoutait François Mitterrand, ou au moins faisait semblant. Au bout du compte, il aura malgré tout préféré l'iPhone au minitel. Désormais, Elon Musk ne se prive pas de se moquer publiquement d'un candidat à la chancellerie allemande, et Mark Zuckerberg, quand il est auditionné par le Sénat américain en avril 2018, même s'il a fait l'effort louable d'enfiler un costume et une cravate, ne dissimule pas son indifférence totale devant la brochette de sénateurs vieillissants qui osent lui poser des questions et, finalement, lui font perdre un temps précieux. Peu après son entretien avec François Mitterrand, Steve Jobs donne une interview à Antenne 2, au journal de Christine Ockrent. Il a ces mots très justes : « *In Europe, the price of failure is very high. You fail, it stays with you for the rest of your life*[1]. » Vingt et un ans plus tard, en juin 2005, il devait ajouter ces quatre mots comme en écho : « *Stay hungry, stay foolish*[2]. »

Combien d'années de développement économique avons-nous perdu par aversion au risque ? Combien d'entreprises, combien de brevets, combien d'emplois ?

Dans le seul domaine de la santé, les exemples sont légion de découvertes françaises rachetées par des grands laboratoires américains, en partie par manque de financements, en partie faute d'audace. Tout le monde a à l'esprit la disruption introduite par Stéphane Bancel avec son entreprise Moderna dans le domaine des vaccins à ARN messager et dans celui du traitement individualisé des cancers. Les experts savaient que ces technologies étaient prometteuses. Mais personne ne pouvait garantir

1. « En Europe, le prix de l'échec est très élevé. Si vous échouez, cela vous poursuit jusqu'à la fin de votre vie. »

2. « Restez affamés, restez fous. »

leur succès à 100 %. Stéphane Bancel résume cela de manière lapidaire : « C'était tout, ou rien. Il n'y avait pas de demi-mesure. L'autoroute, ou l'impasse. » Cela aura été l'autoroute mais, hélas, sous concession américaine. Même histoire pour la valve aortique mise au point par les professeurs Alain Carpentier et Alain Cribier, deux des plus grands professeurs de médecine au monde. Ensemble, ils auront mis au point à la fois le mécanisme, la valve aortique, et le procédé chirurgical le moins invasif pour l'implanter dans le cœur, le cathéter, qui évite d'avoir à ouvrir le thorax. Qui a racheté cette technologie ? Edwards Lifesciences, une société américaine. Et ce n'est plus une histoire mais bel et bien une aventure humaine et industrielle que celle du projet de cœur artificiel de Carmat, animé par une carte à puces issue des missiles Matra, enrobé dans un péricarde de bœuf séché, alimenté par une batterie électrique sans composants toxiques, qui pourrait demain redonner vie à des milliers de patients souffrant d'insuffisance cardiaque sévère.

Jean-Claude Wetzler aura été un de mes soutiens les plus solides dans ma circonscription de l'Eure, depuis 2007. Il s'occupait de toutes les tâches ingrates devant lesquelles les militants rechignent en général : les comptes de campagne, les quittances, les factures, l'imprimeur pour les affiches, la préfecture pour le dépôt des listes. Rien n'échappait à sa vigilance. Tous les jours ou presque pendant près de quinze ans, il sera passé à ma permanence, chaque fois plus essoufflé pour monter le petit escalier en bois de la rue Saint-Nicolas. Il souffrait d'insuffisance cardiaque, légère, puis sévère. À la fin de sa vie, il m'envoya un sms : « Je voudrais lire *L'Ange et la Bête*, mais je ne peux pas porter le livre jusqu'à mes yeux. Sinon, tout va bien. On attend des jours meilleurs. » On raconte qu'Elizabeth Taylor, sur son lit du Cedars Hospital à Los Angeles, le cœur ravagé par l'alcool et les drogues, n'avait plus la force de porter son peigne à ses cheveux. Nous sommes tous si faibles et si seuls et nous attendons si longtemps avant d'être exacts avec nous-mêmes. Les deux en tout cas, Jean-Claude Wetzler comme Elizabeth Taylor, auraient mérité que nous prenions le risque du cœur artificiel.

Pour être encore plus brutal, faute de retrouver l'amour du risque, la France et l'Europe seront dépassées par la Chine et les États-Unis, elles perdront pied dans la mondialisation, elles seront des clients des nouvelles technologies et non des fournisseurs. Pat Gelsinger, le nouveau patron d'Intel, fabricant de semi-conducteurs, faisait les comptes devant moi lors d'un déplacement à Paris : en 1990, l'Europe produisait 40 % des semi-conducteurs dans le monde, alors que ces composants étaient moins stratégiques qu'à l'heure actuelle ; désormais, elle n'en produit plus que 8 %. Sur la même période, l'Asie était passée de 21 à 80 %, basculant du Japon vers Taïwan et la Corée du Sud et réalisant des gravures toujours plus fines, inférieures à cinq nanomètres. Il concluait : « *Europe is becoming irrelevant*[1]. »

1. « L'Europe est en train de sortir du jeu. »

Balises pour une économie verte

L'objection tombera comme un couperet : avec le risque, vous vous enferrez dans un modèle économique insoutenable. Il est temps de rebrousser chemin et de stopper net le développement. Comme inspirés par Aristide Briand déclamant à la tribune de la SDN en 1926, avec le succès qu'on sait : « Arrière les fusils, les mitrailleuses, les canons ! Place à la conciliation, à l'arbitrage et à la paix ! », les avocats de cette cause pourraient déclamer un siècle plus tard : « Arrière les machines, la recherche, le progrès ! Place à l'outil, à la sobriété et à la décroissance ! » Avec sans doute, à la fin, le même résultat pour la France dans le concert des nations : la relégation, puis la défaite.

Je partage la crainte autrefois sourde, maintenant aiguë, de voir notre planète devenir inhabitable par notre faute ; nous suffoquons tous de plus en plus, selon le lieu où nous habitons, selon notre richesse aussi. L'aversion grandissante que beaucoup éprouvent devant le modèle économique hérité du XIXe siècle et inspiré de la philosophie du XVIIIe, qui voit la nature comme une mine à ciel ouvert, que les hommes pourraient exploiter sans frein, je la partage aussi. Comme je ressens une immense tristesse devant la réduction de la biodiversité, devant les océans souillés de déchets, devant les usines à charbon qui fonctionnent à plein régime en Chine et ailleurs, devant les milliers d'hectares de forêt qui partent en fumée chaque été, spectacle amer dont nous regardons les images familières au vingt heures, les soirs d'août, entre le verre de rosé et la sortie au restaurant : « Ah ! C'est terrible quand même ! »

Mais cela a beau être terrible, cela a beau annoncer une humanité déserte, les bons sentiments ne suffisent pas. Nous devons construire une économie verte. Nous devons engager la révolution de nos modes de production industrielle. Et pour atteindre nos objectifs, nous devons expliquer le chemin que nous comptons emprunter.

Celui que nous avons choisi depuis 2017 est efficace. Il est un chemin parmi d'autres sur une montagne particulièrement fréquentée et abrupte, mais il a pour mérite de savoir où il conduit. Son point de départ est simple : la montagne du climat n'est pas insurmontable. Quel groupe de randonneurs s'engagerait dans une ascension dont le sommet serait inaccessible ? Quel peuple accepterait des efforts pour un but hors de portée ? Il a aussi pour avantage de nous avoir permis de progresser depuis plus de quatre ans, à un rythme que certains jugeront trop lent, mais soutenable. À quoi bon accélérer le pas, si une partie de la troupe renâcle, se révolte et décide de ne pas nous suivre ?

Nous pouvons et nous devons aller plus vite dans la décarbonation de notre économie, mais sans perdre personne en chemin, ni faire disparaître en un jour des compétences, des métiers, des activités que nous avons mis des décennies à construire. Les quatre balises que je propose éclairent une voie raisonnable et ambitieuse de transformation de notre modèle économique.

Première balise : le prix du CO_2. Cela veut-il dire rétablir la taxe carbone dans sa version originale ? Non. Mais je ne vois pour le moment aucune alternative efficace à cette solution : nous devons donner un prix élevé à ce qui coûte si cher à la planète, le carbone. Sans ce prix, pas de changement des comportements économiques, pas de tournant énergétique, pas de renoncement rapide aux énergies fossiles ailleurs que dans les États européens, qui ne représentent que 11 % des émissions totales de la planète. Pour être acceptable, ce nouveau prix du CO_2 devrait être mis en place avec trois instruments complémentaires : une affectation transparente des recettes au climat, une compensation financière directe pour les ménages les plus modestes, une taxe carbone aux frontières. Réduire les émissions de CO_2 chez nous, à un tarif coûteux, pour en importer davantage de Chine, de Turquie, d'Inde ou des États-Unis, comme nous le faisons depuis des années, revient à remplir le tonneau des Danaïdes.

Deuxième balise : la mobilisation de financements massifs. Je ne reviens pas sur ce point, ni sur les conséquences à en tirer sur notre organisation gouvernementale. Que chacun réalise simplement que les chiffres en question ont de quoi donner le vertige à tous les banquiers, assureurs, gestionnaires, ministres des Finances de la planète. Au jeu du « toujours plus », la politique de lutte contre le réchauffement climatique sort invariablement gagnante.

Je donne quelques exemples.

La décarbonation d'une seule usine sidérurgique de la taille de Fos-sur-Mer : plusieurs milliards d'euros ; la construction de nouvelles capacités de production de semi-conducteurs, indispensables pour gérer en continu les flux énergétiques : des dizaines de milliards d'euros ; la mise en place d'unités d'électrolyse pour la production d'hydrogène vert : plusieurs milliards d'euros encore, sans compter les nouvelles infrastructures de stockage et de transport des énergies propres que nous devrons mettre en place, dans les ports, dans les nœuds ferroviaires, dans les gares de camions, pourquoi pas entre les deux rives de la Méditerranée.

Ce nouveau monde énergétique que nous devons penser exige donc des volumes de financement sans commune mesure avec tout ce que nous avons connu depuis la fin de la Seconde Guerre mondiale ; pour investir ; pour accompagner les salariés ; pour compenser la dépréciation des actifs. La batterie de nouveaux instruments financiers que nous avons déployés au niveau européen, des obligations vertes à la taxonomie, ne suffira pas. Nous devrons aussi bâtir une union des marchés de capitaux, qui nous permettra de lever des fonds plus rapidement, et ne pas hésiter à nous poser des questions iconoclastes : acceptons-nous de sortir les investissements verts du calcul des déficits publics et de la dette ? Si oui, comment les identifions-nous ?

La troisième balise est un principe : l'équité. Pendant des mois, je me suis efforcé de supprimer l'avantage fiscal lié à l'utilisation du gazole non routier[1] dans les engins de chantier. Avantage non négligeable, puisque le GNR est soumis à une TICPE de 18,82 centimes par litres, au lieu de 59,4 centimes par litres pour le gazole. La brutalité de la mesure suscita une levée de boucliers. En Savoie, en décembre 2019, Henri, entrepreneur de travaux publics et taxi à ses heures perdues, engagea entre deux lacets d'une départementale de montagne la conversation avec moi. Ses pneus neige accrochaient doucement la chaussée blanche ; ses mains courtes, épaisses, creusées de sillons secs, tenaient fermement le volant : « Vous allez vraiment le faire ? Parce que moi, je préfère vous dire tout de suite, vous nous tuez avec votre truc. Vous savez combien ils consomment de litres, mes camions, quand ils montent au chantier ? Vous allez me siphonner toute ma marge, là ! »

Quelques semaines plus tard, après des heures de consultation qui épuisèrent mon excellente conseillère fiscale, nous battions en retraite et proposions une application en trois étapes, à partir de juillet 2021. Arriva juillet 2021. On réalisa qu'il était impossible de différencier les engins de chantier du BTP des engins agricoles, employés pour des travaux similaires. Les entrepreneurs du BTP craignirent de voir les agriculteurs leur livrer une concurrence inéquitable. On abandonna donc définitivement la

1. GNR.

mesure, qui aurait pourtant permis de mettre fin à un avantage fiscal contradictoire avec notre politique environnementale.

De ce long épisode, je retiens une seule leçon, en forme de lapalissade : la transition écologique, si rapide soit-elle, sera bien une transition. Dans nos rêves, elle peut se faire du jour au lendemain ; dans la pratique, elle demandera du temps. Car pour rétablir une équité entre les agriculteurs et les entrepreneurs du bâtiment, entre les villes et les campagnes, entre les industries fossiles qui vont mettre la clé sous la porte et celles qui ont le vent en poupe, entre les ménages modestes et ceux qui peuvent changer rapidement de véhicule ou de domicile, il nous faudra du temps. Disons : le temps de la justice et de la conviction.

La quatrième balise serait plutôt un phare, pour éclairer le plus loin possible : notre conception de la mondialisation doit changer. Délocaliser la production d'un accessoire automobile à des milliers de kilomètres de son lieu d'assemblage, pour gagner quelques centimes d'euros par pièce, est davantage qu'une erreur économique, c'est une faute politique. Or je le redis : aucune entreprise désormais ne peut plus se dégager de ses responsabilités sociales ou environnementales. Les citoyens demandent des comptes à leurs responsables politiques ; ils en demandent aussi désormais aux responsables économiques. La politique n'est pas la chasse gardée des élus. La politique est ce que nous décidons tous, collectivement. De ce point de vue, la relocalisation des chaînes de valeur en France et en Europe, révolution de longue haleine, qui bouleverse la hiérarchie de nos valeurs en faveur du climat, ne pourra se faire sans l'engagement déterminé de tous.

4

Le rétablissement des finances publiques

Il entre comme de la magie dans le raisonnement français, de croire que les finances publiques sont secondaires ; que nos créanciers nous prêteront toujours, au meilleur taux ; que l'intendance suivra, en toutes circonstances, suivant notre bon vouloir. Notre histoire nationale nous montre l'exact contraire, mais il semble que nous ne voulions jamais en tirer la moindre leçon.

Au début du quinquennat qui s'achève, nous avons trouvé avec Gérald Darmanin, alors ministre des Comptes publics, une situation profondément dégradée : la France était sous procédure européenne pour déficit public excessif, la dette atteignait 97 % de notre richesse nationale, nous dépensions tant et plus. En trois ans, avec le soutien constant de la majorité, mais aussi d'une partie de l'opposition de droite, nous avons rétabli les comptes, stabilisé la dette puis sorti la France de la procédure européenne. Aurions-nous pu faire mieux ? Probablement. Avons-nous négligé le sujet ? Certainement pas. Des finances publiques saines font partie de l'ADN de notre majorité et je lui suis reconnaissant de ne jamais avoir cédé à la facilité sur ce point.

Après la crise, tout est à reprendre. La dette atteint 116 %, le déficit, près de 9 %.

Entre deux maux, la dette publique ou la faillite nationale, nous avons choisi le moindre. Je revendique ce choix, une fois encore, au nom de l'efficacité économique mais aussi de la responsabilité politique. Jamais la France, secouée par des mouvements contestataires profonds, n'aurait supporté en 2020 l'explosion du chômage et la vague de liquidations judiciaires que l'absence d'intervention publique aurait provoquées. Leo Varadkar, ancien Premier ministre irlandais, qui a payé le prix électoral de choix budgétaires courageux, résume cela à sa manière : « *Running a country is not running a household*[1]. »

Maintenant que nous commençons à voir le bout du tunnel, nous avons devant nous deux voies bien différentes : nous résigner à un endettement public considérable, ou le réduire, sans précipitation mais avec fermeté.

Je me prononce ici clairement pour la seconde voie : l'intérêt supérieur de la nation dicte que nous nous extirpions de la spirale de la dette, qui nous expose à un relèvement des taux d'intérêt, nous met à la merci des marchés, grève l'avenir des générations futures et par conséquent la souveraineté de la France. Certains vou-

1. « Diriger un pays ce n'est pas diriger un budget. »

draient faire le pari d'un nouveau monde, dans lequel l'argent ne compterait plus ; je refuse ce pari. On ne joue pas la France aux dés.

L'embarras des finances

Ce choix cornélien n'a rien de très nouveau.

Au début du XVIIIe siècle, sollicité par le duc d'Orléans pour la charge des finances, le duc de Saint-Simon, après un instant de réflexion, refusa. Pressé de donner ses raisons, il mit en avant son inaptitude dans ce domaine : « Je lui répondis que je n'avais nulle aptitude pour les finances, que c'était un détail devenu science et grimoire qui me passait ; que le commerce, les monnaies, le change, la circulation, toutes choses essentielles à la gestion des finances, je n'en connaissais que les noms ; que je ne savais pas les premières règles de l'arithmétique ; que je ne m'étais jamais mêlé de l'administration de mon bien ni de ma dépense domestique, parce que je m'en sentais incapable, combien plus des finances de tout un royaume, et embarrassées comme elles l'étaient. »

« Embarrassées comme elles l'étaient », comme souvent avec Saint-Simon, la formule est des plus justes. Nous sommes embarrassés par nos finances parce que nous ne savons pas très bien par quel bout prendre le problème. Nous sentons bien que nous devons réduire nos dépenses, mais lesquelles et comment ?

Avec le sens de la mesure qui le caractérise, Saint-Simon dresse un tableau apocalyptique de la tâche qui aurait pu lui échoir s'il avait cédé à l'amicale pression du duc d'Orléans : « Et ce qui me détermina plus que tout, la situation forcée où les guerres et les autres dépenses prodigieuses avaient réduit l'État, en sorte que je n'y voyais que le choix de l'un de ces deux partis ; de continuer et d'augmenter même autant qu'il serait possible toutes les impositions pour pouvoir acquitter les dettes immenses, et conséquemment achever de tout écraser, ou de faire banqueroute publique par voie d'autorité, en déclarant le roi futur quitte de toutes dettes et non obligé à celles du roi son aïeul et son prédécesseur, injustice énorme et qui ruinerait une infinité de familles et directement et par cascades. » Et Saint-Simon de conclure : « L'horreur que je conçus de l'une et de l'autre de ces iniquités ne me permit pas de m'en charger. » L'échappatoire est commode. La France y a perdu un ministre et gagné un écrivain.

Je ne sais pas qui se chargera de nos finances publiques dans le prochain quinquennat, mais je me refuse à suivre Saint-Simon dans son raisonnement, biaisé par son obsession de rabaisser le règne de Louis XIV. Avec de la méthode, de la clarté et de la constance, nous pouvons rétablir sans heurts les finances de la nation.

Principes de rétablissement des finances

Pour ramener notre dette publique à des niveaux acceptables, la première décision à prendre est de marquer clairement notre volonté. Emmanuel Macron l'a fait à plusieurs reprises, en dénonçant l'argent magique. Ce seul message est de nature à rassurer nos partenaires européens, les marchés, nos créanciers étrangers.

Mais il ne suffira pas.

Quatre principes doivent dicter notre action dans la décennie à venir.

Le premier est la croissance. Pour que notre ratio de dette publique retrouve des niveaux acceptables, nous devons accroître notre richesse nationale. Nous avons commencé à le faire. Nous devons poursuivre dans cette direction, en investissant, en innovant, en gagnant des parts de marché, en créant des emplois.

Le deuxième est le travail. Nous devons tous travailler davantage. Si je n'ai cessé de plaider pour une réforme des retraites, ce n'est certainement pas par goût de la provocation ou pour accabler de reproches qui que ce soit. Mais tout simplement parce que les faits sont têtus : nous ne pouvons pas avoir un modèle social parmi les plus protecteurs au monde, donc aussi parmi les plus coûteux, en gardant un volume global de travail parmi les plus faibles. Le chômage de masse, le départ anticipé des travailleurs de plus de 55 ans, les difficultés d'insertion des jeunes sur le marché du travail, tous ces handicaps propres à la France ne sont pas des fatalités ; nous l'avons montré depuis cinq ans, en obtenant des résultats sur chacun de ces défis. Une réforme des retraites simple et équilibrée nous permettra de réduire notre dette publique et nous donnera les marges de manœuvre nécessaires pour financer notre régime de retraites par répartition. L'alternative serait de laisser chacun se débrouiller seul pour le financement de sa retraite : elle serait défavorable aux plus fragiles, par conséquent profondément injuste. Pourquoi ce que des pays à majorité socialiste, comme le Portugal, sont arrivés à réaliser en quelques années, serait hors de portée de notre société ?

Le troisième est la réduction des dépenses publiques. Elle suppose de mettre cartes sur table. Qu'est-ce qui singularise la France ? Le poids des dépenses sociales et le volume des aides aux entreprises. Étrange pays que celui où les entreprises privées sont aussi contraintes par les normes et autant soutenues par le budget public, où la dépense sociale est aussi élevée sans que nous nous interrogions collectivement sur son efficacité. Il est temps de poser le débat sereinement. La prochaine élection présidentielle est de ce point de vue un rendez-vous à ne pas manquer.

Quatrième principe : de nouvelles règles budgétaires. Sans entrer dans la mécanique complexe des lois de finances, retenons que le budget est voté chaque année, sans autre plafond de dépenses sur la durée du quinquennat qu'indicatif; cette procédure rend impossible une maîtrise réelle des finances publiques dans la durée car chaque année, à tout moment, vient une dépense nouvelle indispensable, pour les personnes en situation de dépendance, pour les agriculteurs touchés par une catastrophe naturelle, pour les hôpitaux, pour les enseignants, aussitôt adoptée mais financée plus tard, ou jamais ; en définitive, suivant ce modèle, la dépense est toujours prioritaire, l'économie accessoire. Une règle constitutionnelle de dépenses sur cinq ans aurait une vertu majeure : elle rendrait impératif le respect du plafond de dépenses. Elle nous obligerait à ce qui devrait être la première vertu de toute démocratie : le choix de nos dépenses.

J'ajoute, pour terminer sur ce chapitre dont dépendent toutes les orientations précédentes, qu'un calendrier clair serait de nature à rassurer chacun de nos compatriotes sur notre capacité collective à atteindre nos objectifs. Nous ne reviendrons pas en quelques mois sous les 100 % de dette publique ; mais nous ne pouvons pas non plus renvoyer aux calendes grecques la remise en ordre de nos finances.

TROISIÈME PARTIE

Pour la nation

Plus la France étonne le monde, plus les Français doutent de leur nation.

Étrange paradoxe que celui d'un peuple qui réalise des performances économiques de premier plan, mais qui craint plus que tout le déclassement social ; dont l'ingéniosité permet tous les jours des découvertes scientifiques de premier plan, mais qui ne les valorise pas pour son industrie ; qui a les plus beaux paysages du monde, mais qui les saccage à coups d'entrées de ville standardisées et de mâts d'éoliennes isolés en plein champ ; dont le peuple créatif se sent découragé ; une nation parmi les plus anciennes du monde, mais qui fait sombrer sa mémoire dans l'oubli.

Ce déchirement explique en partie notre mal-être national. Il est une partie de notre identité et tous les chefs de la France le savent : ce déchirement doit être combattu sans relâche pour que la France retrouve son assiette. De tous les biens qui nous consolent et nous enthousiasment, l'unité nationale, parce qu'elle est si rare, si difficile à atteindre, si fragile, est le plus essentiel. César n'a eu de cesse dans *La Guerre des Gaules* de dénoncer le caractère querelleur des Gaulois. Mais à leur chef, Vercingétorix, il reconnaît cette qualité d'avoir compris que l'unité des tribus gauloises était la condition de leur victoire, la clé de leur puissance ici et ailleurs : « Les cités qui étaient restées à l'écart du mouvement général, Vercingétorix allait tout faire pour les rallier, pour que l'ensemble de la Gaule marche d'un seul pas : contre la Gaule unie, la terre entière ne pourrait rien[1]. »

Il est devenu difficile de prendre César au sérieux et de le voir sous d'autres traits que ceux d'un personnage d'Uderzo, la mèche blanche rebelle, la moue méprisante, la silhouette affûtée et la toge au vent. Vercingétorix lui tient compagnie dans un petit village aux toits de chaume, qui résiste aux centuries romaines. Pourtant, si nous faisons l'effort de revenir au texte de César et de nous rappeler que oui, César a été César : il a combattu les Gaulois, il a assiégé, affamé, épuisé et fait tomber des cités, il a massacré des femmes et des enfants au pied d'Alésia, il a aimé et respecté Vercingétorix et si Vercingétorix est un des seuls chefs que César n'ait pas gracié, après l'avoir fait croupir des années dans sa prison de Rome, c'est justement parce qu'il l'avait aimé et respecté et que ce chef, au lieu de lui prêter allégeance, l'avait trahi. Oui, si nous faisons cet effort mental, alors nous pouvons entendre le

1. César, *La Guerre des Gaules*, Livre VII, chap. 29.

vent de la plaine de Gergovie nous souffler encore : « Contre la Gaule unie, la terre entière ne peut rien. »

Nous avons en nous des forces de résistance considérables au risque de délitement national, quel que soit le nom que nous lui donnons. Archipel français, fragmentation territoriale, éclatement géographique, France des quartiers, France rurale, toutes ces expressions entrées dans le vocabulaire courant disent une seule et même chose : la peur du déchirement de la nation. Ces forces de résistance, nous les puisons dans la vigueur de notre économie, dans le savoir-faire de nos salariés, contremaîtres, ingénieurs, techniciens, dans le dévouement des personnels hospitaliers, dans le courage de nos militaires et de nos forces de sécurité, dans la passion intacte des jeunes enseignants, dans les succès de nos sportifs, dans le rayonnement de notre langue, dans l'infinie douceur de notre territoire.

Mais la réponse de long terme, la seule qui nous permettra de retisser notre unité tient en un mot, qui est celui de notre triomphe universel : la culture. La culture est le double de la France, sa force et son aliment.

1

Le monde et son double

Pour mieux comprendre la France, il m'a toujours semblé qu'il fallait faire un détour par le monde ; car ce qui se passe dans le monde, la France le ressent de manière décuplée, en raison du caractère universel de notre nation, de sa porosité aux cultures étrangères, de ses relais en terres étrangères, de ses îles éparpillées à la surface des océans.

À côté de la réalité, les nouvelles technologies ont fait naître une autre réalité, numérique, sur écran plat. Sous la vérité, elles ont fait percer une autre vérité, qui ne peut plus obéir aux canons classiques de l'adéquation du mot et de la chose, puisque toute chose est aussi son contraire dans le monde digital et que les mots, nous les avons abandonnés aux images.

Tapi dans nos consciences comme un ver dans un fruit, dont les anneaux ne cessent de grossir, un autre monde est né, un second monde, qui occupe une bonne part de notre temps, modifie nos habitudes, dicte nos comportements, oriente nos pensées, épouse nos rêves, déjoue les calculs politiques les plus savants : le monde digital.

De quoi ce monde est-il le double ?

Communauté monastique et communauté digitale : de la fraternité à la solitude

Pour répondre à cette question, qui va nous obliger à prendre des chemins de traverse avant de revenir à notre réflexion politique, je voudrais faire un retour en arrière huit siècles plus tôt, en 1219. Intuition étrange ? Sans doute, mais intuition pleine de sens. Elle m'est venue à la lecture d'un livre fascinant récemment publié par Jean-Claude Schmitt, *Le Cloître des ombres*[1], qui étudie un document laissé par un moine anonyme de l'abbaye cistercienne de Schöntal, dans le Wurtemberg : le *Liber revelationum*.

Ce document provient d'un témoignage, recueilli par un frère anonyme, frère N., auprès du frère Richalm, modèle de vertu, harcelé par les démons. Il est « digne de toute confiance », selon Jean-Claude Schmitt. Il offre une vue saisissante pas simplement sur la vie monastique au début du XIIIe siècle, mais surtout sur le mode de pensée des moines, sur leurs peurs, sur leurs croyances, sur leurs illusions, sur l'autre monde avec lequel ils cohabitent,

1. Jean-Claude Schmitt, *Le Cloître des ombres*, Gallimard, 2021.

entre les murs d'enceinte de l'abbaye. Cet autre monde est peuplé de démons ; il invite à la luxure ; il pousse au rire et aux sarcasmes, qui sont des vices ; il fait jaillir au milieu de la nuit des « petites nuées démoniaques » qui se posent sur le sexe du frère Richalm, l'obligeant à faire le signe de croix sur son pubis : « Le lieu où le démon s'était posé était le pubis. C'est là que le frère sentit une grande faiblesse aussi longtemps que le démon resta près de lui ; et après qu'il l'eut vu sortir de lui, il se sentit soulagé et se souvint qu'il avait fait peu avant le signe de croix[1]. »

Lire ce texte, c'est passer en quelques secondes, comme les plongeurs d'Acapulco du soleil à la mer, de nos consciences modernes aux consciences médiévales, de la surface plane des écrans à un texte où tout se trame dans le secret des profondeurs, des visages nus bleuis par les écrans à un visage encapuchonné qui tremble dans le noir. Et ce passage a quelque chose de profondément troublant ; parce que nous sommes les mêmes humains, mais que nous ne vivons plus dans le même monde ; et parce que, même vivant dans un monde radicalement différent de celui du XIIIe siècle, malgré tout, nous non plus pour notre sérénité mentale nous ne pouvons pas nous priver de double. Quand nous passons du XIIIe au XXIe siècle, ce qui nous touche, ce sont les craintes dont nous nous sommes libérés, les démons, les diables, les mauvais esprits, les menaces célestes, l'agitation intérieure de ce frère Richalm qui invente dans le silence de sa cellule une

1. *Liber Revelationum*, 118.

fantasmagorie qui a forme, odeur, musique et toucher. Pourtant ce qui nous trouble davantage encore tient à une évidence, stupéfiante et cruelle : notre détachement des craintes célestes, qui devrait nous offrir la tranquillité, en définitive nous rassure si peu que nous avons dû nous aussi, à notre tour, trouver refuge dans un autre monde.

Et ce monde qui aurait dû nous lier les uns aux autres nous plonge en réalité dans la solitude.

La communauté monastique cistercienne du XIIIe siècle a déjà quelque chose de la communauté digitale de San Francisco dans les années 80 et 90. Elle aussi aspire à la totalité ; elle aussi vise un absolu ; elle aussi construit une réponse à la violence politique du siècle précédent, comme la communauté digitale apporte sa réponse originale à la violence sans limite, mécanique, glacée, idéologique et folle du XXe siècle. Le monde cistercien se construit en marge du pouvoir politique, entre les murs des abbayes, qui essaiment partout dans la chrétienté à partir de la fondation de l'abbaye de Cîteaux par Robert de Molesme en 1098, comme le monde digital grandit en marge des États au cœur des nations occidentales. Les espace clos des monastères ont quelque chose des garages où ont commencé à se réunir les fondateurs de Google et de Facebook. Les frères convers, qui travaillaient le jour aux champs, cultivaient les vignes, fabriquaient le pain, réparaient les murs, tandis que les moines priaient la nuit, sont-ils si différents des codeurs qui servent les intuitions de Steve Jobs ? La colonisation monastique obéit-elle à une autre logique que la colonisation digitale ? La communauté Facebook, la communauté Instagram, ne résonnent-elles pas comme un lointain écho, par-delà les siècles, de la communauté des moines cisterciens, celle du silence ?

À une différence près : le double du monde du XIe siècle est spirituel, le double de notre monde actuel est vide. Nous, Occidentaux, avons longtemps été le double de Dieu ; nous ne sommes désormais le double de personne.

Si bien que ces deux révolutions qui se répondent, la révolution monastique et la révolution digitale, ces esprits singuliers qui se parlent, Robert de Cîteaux et Steve Jobs, le premier en robe de bure, le second en col roulé noir, appellent l'une comme l'autre à un dépassement. Nous connaissons le dépassement du cercle fermé des monastères : ce sera les grandes découvertes, une nouvelle perception de la terre et du ciel, le lent passage, pour reprendre l'expression d'Alexandre Koyré, du monde clos à l'univers infini.

Quel sera le dépassement du monde digital ? Et quel rôle la France et les esprits européens joueront dans ce dépassement ? Voilà pour moi la plus difficile, la plus essentielle désormais des questions politiques.

L'individu contre le citoyen

En 1789, la France a donné à chacun de ses sujets sa liberté dans un double : le citoyen. Depuis lors, nous ne sommes plus simplement un individu avec sa date et son lieu de naissance, son métier, sa famille, ses biens, son savoir, autant de traits qui nous élèvent ou nous abaissent, mais un citoyen, doué d'une capacité égale de s'exprimer, de prendre position, de voter, de participer à la représentation de la nation. L'individu est seul, le citoyen est collectif ; l'individu se distingue du reste de la société par des distinctions de classe, de richesse, de culture, autrefois de race, le citoyen se confond dans la nation ; la rivalité anime les relations entre les individus, la liberté et la fraternité construisent celles entre les citoyens ; chaque individu est unique, chaque citoyen est égal.

Ces beaux principes, comme tous les principes, ont été âprement disputés, pas simplement par idéologie, mais aussi parce que nous nous reconnaissons à la fois comme individu et comme citoyen ; nous ne voulons renoncer ni à l'un ni à l'autre, et nous nous sentons tiraillés en permanence entre ces deux identités. Tous les régimes depuis 1789 ont joué, consciemment ou non, avec ce déchirement français, qu'aucune autre nation ne connaît, ou ne connaît avec cette intensité. Quand Napoléon crée la Légion d'honneur, il rassemble sous un même drapeau des citoyens que leurs qualités individuelles distinguent des autres ; les grands corps de l'État rétablissent les rangs nobiliaires et rassurent les individus qui ne se résignent pas à être de simples citoyens ; parmi les wagons filmés par Jean Renoir dans *La Bête humaine*, qui filent à toute allure vers Le Havre, l'un d'entre eux porte la mention

« État » : c'est celui dans lequel prennent place les élus, les cheminots, les chefs de gare, tous les voyageurs, comme le dit Jean Gabin, qui « ne sont pas comme les autres », dont l'assassin.

Depuis près de trois siècles, la France tient cet équilibre instable. Elle balance entre les citoyens et les individus, elle apaise cette irritation par des titres, des hochets, des décorations qui agissent comme autant de cataplasmes sur les identités blessées dans leur orgueil ; elle joue avec les vanités ; elle tempère les exaltations, à l'exception de celles des artistes et des fous ; bon an, mal an, nous avons tenu les deux bouts de ce que chacun de nous aspire à être, un citoyen qui doit tout à la France, un individu qui doit tout à soi.

La révolution technologique a fait vaciller cet équilibre.

Car le double de Twitter, de Snapchat, d'Instagram ou de TikTok est une image. Le double de l'individu sur les réseaux sociaux est narcissique, quand le double de 1789, le citoyen, était politique ; le premier a tous les droits, le second avait aussi des devoirs ; le premier vit au jour le jour, le second porte en lui une mémoire de plusieurs siècles ; le premier se reconnaît dans une communauté, quand le second se construit dans et par la nation. Pendant trois siècles, l'individu a cohabité en nous avec le citoyen ; il avait trouvé avec son double politique une sorte de *modus vivendi*, rien de parfait, mais un orage électrique contenu, qui nous donnait aussi la volonté de nous dépasser, de nous engager pour quelque chose de plus grand que nous. Désormais rien n'est plus grand aux yeux de l'individu que l'individu. Si bien que de plus en plus il se dresse contre ce double encombrant, le citoyen, qui ne cesse de lui rappeler que oui, il existe plus grand que lui, plus nécessaire que lui : la société, la nation, les règles, le droit. « Ni Dieu ni maître », disaient les anarchistes. « Rien d'autre que moi », pourraient dire les libertaires du XXIe siècle, qui pensent construire leur liberté quand ils la ligotent aveuglément, comme autant de brindilles qui se croient uniques dans un fagot.

Car le web mérite bien son nom : il est à la fois un réseau et une toile, une liberté et un piège.

Il relie des connaissances entre elles, en quelques secondes il nous donne accès à un renseignement, à une date historique, à une adresse, à une biographie ; il nous permet de retrouver un ami dont nous avions perdu la trace ; il nous aide à arracher au silence une musique perdue au fond de nous, dont il suffit de siffler les premières notes pour que, comme par magie, titre, auteur, interprète apparaissent sur notre écran : « Sviatoslav Richter, Haydn, *Sonatas 2, 24, 32, 46*, recorded 1986 » ; ou : « The Cure, *Just Like Heaven*, 1987 » ; ou « Christophe, *Les Paradis perdus* », avec en prime le regard du chanteur perdu derrière le verre bleu fumé de ses lunettes. Quand on a appris à s'y repérer, à le tourner dans le bon sens, sans confondre le nord avec le sud, en distinguant la quête voulue d'un savoir d'une injonction à consommer ou à croire, le web ressemble à une carte d'état-major dématérialisée, dont la géographie serait totale : il nous aide à creuser plus loin dans nos galeries mentales, il étaye notre cerveau, il apporte de la lumière dans les puits les plus obscurs de notre conscience. J'ajoute, à l'attention de tous ceux qui ont entamé ce long combat contre la perte de la mémoire qui vient avec l'âge, mais aussi pour tous ceux qui croient à la vertu apaisante du passé, qu'il nous délivre de l'oubli.

Le réseau nous libère.

La toile, elle, nous capture.

On surfe sur le réseau, on est pris dans la toile ; on glisse sur l'un, quand on est englué dans l'autre. La toile est un communautarisme en puissance, le contraire de cet universel français qui a fait notre force depuis les Lumières et dont le principe porte un nom : la liberté. Nous nous ruons sur la toile comme des insectes affolés par la lumière, nous nous laissons prendre dans ses fils invisibles, nous nous débattons, les ailes visqueuses et inertes, suivant des manipulations techniques simples, qui jouent avec nos réflexes cognitifs les plus primaires, incertains de nous-mêmes, mais heureux de nous retrouver à la fois seuls et rassemblés dans ce filet dématérialisé plus solide que l'acier. La toile fait éclore des groupes partout sur notre territoire, elle fait déborder les émotions, elle rassemble les obédiences religieuses, elle les radicalise, elle divise les familles sur la question des vaccins parce qu'une mère s'enthousiasmera en lisant les délires d'un complotiste sur son compte Facebook, quand le fils écoutera les recommandations d'un chef de service de CHU sur Twitter. Conflit assuré autour de la table de famille, quand on la dresse encore : la plupart du temps, chacun a déjà pris ses distances, un fossé s'est creusé entre des gens naguère si proches, large comme un bras de fleuve. Plus de liens politiques, mais des boucles de personnes ; plus de nation, mais des communautés qui se regardent en chiens de faïence, se jaugent, se méprisent, ne se comprennent plus, parfois se haïssent.

La toile ouvre donc un piège béant dans lequel peuvent tomber doucement, sans un bruit, le citoyen, l'universel français, la démocratie et la politique.

Le double de la France : la culture

Face à ce vide technologique qui nous donne le vertige, nous pouvons abdiquer, fermer les réseaux, contrôler les données, tenter de remonter le courant pour revenir en arrière, à une époque où les relations humaines nous semblaient moins biaisées, plus directes et plus franches. Mais qui voudrait abandonner le savoir auquel nous avons directement accès ? Qui voudrait renoncer à ce que la technologie apporte à notre santé, à nos déplacements, à notre niveau de vie ? Personne, sans doute. Le propre des révolutions est que tout retour en arrière est impossible. En rêver, ce serait abdiquer devant ce que les technologies nous donnent et nous promettent, au lieu de les maîtriser.

Nous pouvons aussi nourrir ce vide, en réaffirmant

notre culture. Je ne vois que la culture pour répondre à cette angoisse qui étreint le monde occidental et plus encore la France.

Notre culture, je veux dire d'abord notre langue.

Parce que de tous les éléments de notre culture qui nous rassemblent, celui qui continue de nous unir, malgré tout, malgré les agressions de la langue anglaise qui colonise de plus en plus notre espace public, c'est la langue. La langue française que des centaines de millions de gens parlent à travers le monde, sur tous les continents, est le ciment le plus solide de la nation française. Cette musique qui, au moindre mot soufflé dans le fond d'un bar à l'étranger, au moindre soupir dans une rue étrangère où un passant murmure à une passante, nous fait nous reconnaître les uns les autres comme appartenant à une même communauté nationale, à une même histoire. Emmanuel Macron a voulu un musée de la langue française à Villers-Cotterêts. Par ce geste, il a signifié que l'acte fondateur de la France, c'est sa langue. Si ce musée, dédié à l'ordonnance d'août 1539, qui acte la primauté du français dans les documents relatifs à la vie du royaume, pouvait aussi nous rappeler que nous sommes la langue que nous parlons, il serait une première pierre de la résistance au vide dont nous sommes le double. Libre à nous ensuite de la déformer, de la nourrir de mots nouveaux, de la briser, de la réinventer. Libre à nous de la faire vivre ; parler français, c'est déjà un peu être français.

Notre culture, je veux dire aussi notre histoire.

La forme la plus ordinaire de l'histoire en France, c'est

l'oubli. Il peut prendre des formes singulières, comme les démons qui assaillent le frère Richalm dans sa cellule de l'abbaye de Schöntal : celle des grands hommes, qui recouvrent de leur ombre les faits moins glorieux de notre passé, en est une ; celle de l'ignorance en est une autre, plus répandue. Toutes empêchent les plaies de notre histoire nationale de se refermer et par conséquent la réconciliation des Français entre eux.

Il est une dernière forme d'oubli, peut-être la plus dommageable, qui nous menace : la substitution des mémoires. À force de nous oublier nous-mêmes, nous laissons les autres se souvenir à notre place. La mémoire de l'esclavage, la mémoire de la colonisation par exemple méritent mieux que des invectives ou pire, la réinterprétation de cette mémoire à la lumière de débats importés des universités américaines. Comment pouvons-nous accepter que la culture anglo-saxonne vienne faire la leçon à l'histoire de France, sur la base de faits qui ne se sont pas produits sur notre sol, à partir de raisonnements qui nous sont étrangers ?

Au printemps 2021, je me suis rendu pour la deuxième fois à Oradour-sur-Glane, en profitant des quelques heures de répit que me laissait une visite d'entreprise à Limoges. Il faisait beau. Comme souvent dans ce coin de France, la force des ruisseaux donnait au vert des champs un éclat particulier, les herbes folles poussaient dru entre les murs effondrés, elles avaient quelque chose de presque obscène : tant de vie parmi tant de ruines, la nature ne respectait rien. Je retrouvai le maire de la commune, fils d'une victime du massacre perpétré le 10 juin 1944 par la division SS Das Reich, et le dernier survivant, Robert Hébras. Depuis ma dernière visite, dix ans plus tôt, il avait pris un coup de vieux, son visage caché sous sa casquette accusait son âge, il se déplaçait avec difficulté. Mais son récit, dans l'église, m'avait une nouvelle fois bouleversé.

Le président de l'association des familles des martyrs d'Oradour suivait sans rien dire. En réalité, il en voulait encore aux Alsaciens qui avaient participé au massacre. Il ne comprenait pas que l'Assemblée nationale, le 19 février 1953, ait adopté la loi d'amnistie qui libérait les treize soldats alsaciens « Malgré nous » incorporés de force dans la division SS Das Reich. À la fin de la visite, il se pencha vers moi pour me dire : « Vous comprenez, nous, les Limousins, nous avons pris cette amnistie pour une insulte. Les "Malgré nous" ont été amnistiés parce que les députés alsaciens ont fait pression et que l'Alsace était un territoire riche. Le Limousin ne représentait rien ; rien que des morts et des paysans. Alors on nous a oubliés. Les coupables n'ont pas été jugés. Et je vous assure qu'ici, personne, vraiment personne n'a encore digéré cette affaire. » De Gaulle à l'époque avait pris position pour les Alsaciens : « Ce qui doit être avant tout évité, c'est qu'après avoir perdu dans la tragédie d'Oradour tant de ses enfants assassinés par l'ennemi, la France laisse de surcroît infliger une amère blessure à l'unité nationale. »

Hier, l'oubli, au nom de l'unité nationale.

En Alsace, il m'est arrivé de rencontrer à plusieurs reprises des descendants des « Malgré nous », tout aussi déchirés soit par le remords, soit par les reproches silencieux qui pèsent sur leur histoire : « Vous croyez que nous avions le choix ? Qui avait le choix ? Qui est parti volontairement ? Qui a été enrôlé pour ne pas perdre son fils ou sa mère ? » Dans des villages alsaciens du Ried, que j'ai traversés pour la première fois avec mon ami député Antoine Herth, des familles gardent ce secret enfoui, elles n'en parlent pas, elles n'expliquent pas, elles ne cherchent pas à partager leur douleur ou à la faire comprendre. Ne laissons pas le silence déchirer secrètement notre pays.

La mémoire maintenant, au nom de l'unité nationale aussi.

Nicolas Sarkozy pendant son quinquennat avait proposé un Musée de l'histoire de France. Son idée avait suscité un tollé. Notre histoire était si décousue qu'il valait mieux la laisser dans tout l'éclat de la galerie des Batailles, à Versailles, ou la disperser aux quatre vents dans des musées thématiques. Je continue de penser que son idée était bonne. Elle ne devrait pas conduire à reconstruire un récit monochrome de la nation, mais nous permettre de comprendre les déchirements que je viens d'évoquer, pour les dépasser.

Projets

Dans l'État, nous faisons des appels à projet ou à manifestation d'intérêt pour tout et pour rien, nous pourrions en faire pour la culture. Consulter les Français sur ce qu'ils attendent d'une politique culturelle, plutôt que la leur imposer, renouveler notre regard sur le patrimoine, la musique, les arts plastiques ou la science, serait une démarche utile.

Je ne veux pas m'aventurer dans un domaine qui n'est pas le mien. Le ministère des Finances est un des mécènes du monde de la culture, il ne prétend pas être son inspirateur. Je veux simplement ici verser au débat des propositions qui m'ont été faites par des gens mille fois plus qualifiés que moi et qui m'ont semblé pertinentes.

Un galeriste, pourtant soucieux de bien vendre les toiles de ses artistes, me faisait remarquer que les arts plastiques contemporains avaient été privatisés en grande partie par deux collectionneurs de génie, François Pinault et Bernard Arnault : « Grand bien leur fasse ! Et tant mieux pour les artistes qu'ils exposent. » Il portait de petites lunettes très fines en métal cerclé, il n'arrêtait pas de les ajuster sur son nez en répétant : « Grand bien leur fasse ! » avec une pointe de jalousie dans la voix. Puis se dressant sur ses talons, car ce galeriste est de petite taille, il ajouta : « Tu connais le budget d'achat annuel du Musée d'art moderne ? 11 millions ! Avec 11 millions, tu ne peux même plus acheter un morceau de toile d'un artiste de premier plan. On laisse tout à Pinault et Arnault. » Certains très bons artistes ne cotent pas 11 millions. Mais enfin, il avait une suggestion : créer, sur le modèle de la Philharmonie de Paris, un nouveau Musée d'art contemporain public, qui ouvrirait ses portes aux nouveaux créateurs d'arts plastiques et éviterait leur privatisation complète. « Tu comprends, le musée public est devenu une spécialité américaine et la fondation privée, une spécialité française ! On marche sur la tête ! » Un peu de sueur perlait sur le sommet de son crâne : il était indigné ; je partageais son indignation et son intuition.

Un autre jour, c'est un astrophysicien qui me fit remarquer que la France possédait, au Muséum national d'histoire naturelle, l'une des plus belles collections de pierres de l'espace, météorites et autre débris du système solaire, en plus d'une collection exceptionnelle de gemmes, diamants, pierres précieuses, grenats et émeraudes, parmi lesquelles le Grand Saphir de Louis XIV, les topazes roses de l'impératrice Marie-Louise ou la Grande Opale de Charles X. Il me dit, avec son regard brillant d'intelligence et de la passion dans la voix : « Tous ces trésors sont exposés rarement, on pourrait en faire un musée permanent. Mais l'idée surtout, c'est de présenter les débris tombés du ciel, les échantillons rapportés des expéditions spatiales ou les micrométéorites d'Antarctique, préparer le retour des poussières de Mars, comprendre à partir de ces morceaux de puzzle les origines de la vie. » Il ajouta : « Et se poser la question : peut-on trouver de la vie ailleurs que sur la Terre ? » Ce centre de recherche et d'exposition pourrait prendre le nom de Musée de l'exploration de la vie. Il serait installé dans les locaux encore disponibles du Muséum, soit plus de 5 000 m^2. À l'écouter, je voyais se dessiner le projet ; à l'entrée, on pourrait installer la météorite d'Ensisheim, ce débris gris de 135 kilos tombé le 7 novembre 1492 dans un petit village alsacien, à laquelle le poète de langue allemande Sébastien Brant, auteur de *La Nef des fous*, avait donné le nom de « pierre de tonnerre ». En 1492, le feu était tombé du ciel non loin de Strasbourg, un poète avait baptisé « pierre de tonnerre » la plus grosse météorite jamais tombée sur le sol européen et Christophe Colomb, ce que Sébastien Brant ignorait certainement, avait découvert l'Amérique.

Je cite ces projets parmi d'autres qui me sont revenus aux oreilles, comme ces conservatoires de musique régionaux de niveau international, avec une seule ambition : montrer que le peuple français porte en lui de multiples projets culturels et que ce foisonnement, cette inventivité, sont un signe de notre vitalité nationale. À nous de les entendre ; à nous de les aider à naître.

2

Trois fictions

La nation a mauvaise presse. On la suppose dépassée ; on la considère comme un reliquat d'une époque qui se referme, celle des empires coloniaux, des guerres, des affrontements inutiles, des frontières terrestres ou maritimes, du droit local ; on lui fait même le grief de bloquer l'avènement d'une nouvelle ère de prospérité, plus juste et plus ouverte, où la totale liberté de circulation des biens et des personnes garantirait la paix universelle. En bref, la nation serait un obstacle au progrès. Dans les couloirs de Bruxelles, certains fonctionnaires européens voudraient jouer une nouvelle pièce de théâtre, de mauvais goût : « La nation, ou comment s'en débarrasser. »

Ce procès de la nation me semble précipité, et surtout dangereux. Il est de nature à exciter les esprits les plus radicaux, à alimenter ce qui est un dévoiement de la défense de la nation, le nationalisme, et à faire perdre un peu plus à la politique de sa prise sur le réel.

Et puis surtout : quelles alternatives sérieuses à la nation ?

Pour la nation

Vu de mes fonctions de ministre des Finances, dont une des missions est de parcourir la planète en long, en large et en travers – quoique le mouvement brownien se soit heureusement ralenti avec la crise du Covid –, je vois trois mouvements de pensée qui cherchent à torpiller la nation : le songe européen, le délire nationaliste et le libéralisme universel de Davos.

Autant de fictions selon moi.

Le songe européen

Par songe européen, je ne veux pas dire le projet de rapprochement toujours plus étroit des nations, auquel je crois, mais le saut quantique qui nous ferait basculer de la réalité actuelle à un organisme autonome, sans légitimité réelle, qui aurait rompu une à une les sangles qui le relie aux nations pour se détacher d'elles, comme la capsule Apollo de son lanceur, et finalement suivre dans un nouvel espace politique ses propres règles, ne laissant à la Terre que la portion congrue des responsabilités politiques, et encore. Ce songe européen a le caractère vaporeux des rêves mais la dureté du fanatisme. Moins il a de prise sur la réalité, plus il en a sur certaines consciences. Il traduit une conception dangereuse de la politique, qui vient en général aux personnes de pouvoir qui n'ont de comptes à rendre à personne, qui ne croisent jamais un électeur dans la rue, parce qu'elles n'ont pas d'électeurs et qu'elles sont rarement dans la rue, et qui ne se retrouvent jamais face à face avec un habitant en colère qui vous dit : « Regarde ! Regarde ce que tu as fait ! » ou plus vraisemblablement : « Regarde ! Regarde ce que tu n'as *pas* fait ! »

Ce songe européen flotte aux étages des directions générales de Bruxelles, parmi une minorité de fonctionnaires qui ne cachent pas leur exaspération devant les exigences des nations et espèrent secrètement leur disparition. Il flotte également au-dessus des travées du parlement européen, dans les rêveries hasardeuses de certains députés.

Il flotte, mais il impose aussi sa loi.

Il exige le respect scrupuleux des textes, il applique sans nuance le droit de la concurrence au détriment du rassemblement de nos forces industrielles. Il repose sur une vision abstraite des relations internationales, dans laquelle les bonnes intentions remplaceraient les rapports de forces. Il a beau subir les humiliations de la réalité, il persiste et signe, quitte à virer au cauchemar.

Le vendredi 5 février 2021, Josep Borrell, haut représentant de l'Union européenne pour les Affaires étrangères et la politique de sécurité, se rendait à Moscou pour rencontrer Sergueï Lavrov, ministre des Affaires étrangères de Russie. Le premier est aussi doux que le second est raide ; Borrell est onctueux, souple, pétri de doutes, un peu tassé sur lui-même ; Lavrov plante son mètre quatre-vingt-dix devant vous en ajustant sa cravate et en fermant le bouton de son costume sur sa poitrine de cracheur de feu ; l'un est idéaliste, l'autre cynique, d'un cynisme total, plein d'humour et glaçant, partie de nature, partie héritage de quinze années de fréquentation assidue de son seul supérieur, Vladimir Poutine ; un jour, j'ai entendu le maître du Kremlin expliquer à Emmanuel Macron, dans un filet de voix et avec un sourire fin comme une lame, que non, vraiment, les éoliennes, ce n'était pas bien, cela tuait les petits oiseaux ; au même moment, sur son ordre, les troupes russes protégeaient Bachar el-Assad et couvraient ses crimes en Syrie. Lavrov ne rit jamais devant vous, mais il rit intérieurement, il a une voix de fumeur, rauque et basse. Il dévore la vie, il aime les grands hôtels, les chambres spacieuses, les suites impériales où on décide des grands équilibres du monde, il reçoit assis derrière une table, en jouant avec son stylo plume Montblanc. Il traite avec égards les anciens satellites de l'Union soviétique mais sans ménagement les Européens, à l'exception peut-être de Jean-Yves Le Drian, dont l'expérience, la subtilité et plus que tout, le sens de l'histoire, le hissent à son niveau. Sergueï Lavrov ne se déplace jamais sans une bulle de sécurité composée d'une dizaine d'hommes qu'on croirait surgis des plaines de la steppe, avec des mains comme des battoirs, habituées autrefois à dresser les chevaux sauvages, désormais à manier les armes, qui vous écartent brutalement sur le passage du ministre. Josep Borrell avance à pas comptés dans les couloirs des aéroports ; Sergueï Lavrov emprunte l'avion de la Fédération de Russie. Borrell a quatre conseillers avec lui ; Lavrov, vingt.

Le haut représentant allait donc à Moscou signifier son mécontentement devant le traitement réservé au dissident Alexeï Navalny. Il entendait parler nucléaire iranien, Arctique, changement climatique et avait pour ambition de faire entendre raison à la Russie dans ces temps difficiles. Il revint avec trois expulsions de diplomates européens sur les bras, décidées en secret pendant sa conférence de presse avec Sergueï Lavrov.

Pareille humiliation aurait dû conduire la diplomatie européenne à s'interroger sur ses buts, ses moyens, son efficacité, mais non : le navire poursuit sa route comme si de rien n'était, frêle esquif parmi les brise-glace chinois, russe, turc ou américain. Et peu importe que les humiliations se répètent ; peu importe que le président turc, Recep Erdogan, joue avec nos valeurs en abandonnant la présidente de la Commission européenne sur un canapé, tandis que le président du Conseil ajuste son pantalon dans un fauteuil.

Que nous faudra-t-il pour nous réveiller de ce songe ? Quelle humiliation nous piquera suffisamment pour faire éclater cette bulle ? Moscou, Ankara et, maintenant, dans cet univers chaotique, Kaboul suffiront-ils à nous sortir de notre torpeur ?

Devant ce constat douloureux, j'en viens à me demander si une révision des traités ne serait pas la seule issue possible, comme je l'avais proposé en 2016, lors de la primaire, à un moment où ma voix n'avait plus d'écho. Nous sommes nombreux dans la classe politique française à garder un souvenir amer de l'échec du référendum sur la Constitution, puis de son contournement par un vote parlementaire. Nous en gardons un traumatisme, qui incite certains à refouler au plus profond de leur conscience tout débat européen. Je plaide ici pour le retour de ce refoulé européen, qui affaiblit la France, nous éloigne de notre destin de grande nation européenne, en définitive nous rétrécit. Et je sais gré au président de la République d'avoir dans son discours de la Sorbonne de 2017 posé d'emblée les questions difficiles. Je voudrais en ajouter deux ou trois, d'ordre technique et politique : pouvons-nous sérieusement garder trois présidences à la tête de l'Union européenne ? Dans quels domaines voulons-nous décider à l'unanimité, dans quels domaines, par exemple la fiscalité, acceptons-nous de passer au vote à la majorité qualifiée pour accélérer les décisions ? Faut-il continuer à élire le parlement européen suivant la procédure actuelle, ou faut-il en faire une émanation des parlements nationaux, pour garantir un lien direct entre les nations et les élus européens ? Comment redonner sa crédibilité au service d'action extérieure de l'Union ?

Toutes ces questions se résument à une seule : comment l'Union européenne peut-elle passer de son état de projet perpétuel à celui de puissance politique ?

À partir de là : qui parmi les États membres veut ce passage ? Qui ne le veut pas ? Et pouvons-nous continuer à vivre ensemble si nous ne partageons pas la même ambition politique ?

En 2006, on m'avait rétorqué que soulever ce débat nous faisait prendre un risque trop grand : la France pourrait suivre l'exemple britannique et céder à la tentation de quitter l'Union européenne. L'argument s'entend ; mais à mon sens, le risque désormais est encore plus fort, en laissant dériver le projet européen vers des renoncements successifs, de nous retrouver un jour face à un effondrement brutal du château de cartes européen, dont les aspirations sont toujours plus élevées mais les fondations toujours plus fragiles. À se voiler la face, l'Union européenne se prépare un destin à l'Union soviétique.

Le nationalisme

Si encore le songe européen ne rencontrait aucune résistance, nous pourrions imaginer vivre en paix encore quelques décennies, à supposer, hypothèse malgré tout improbable, que le reste du monde nous laisse tranquilles. Le reste du monde ne nous laissera pas tranquilles, parce que nous sommes un continent riche, donc attirant, en particulier pour les peuples d'Afrique menacés par l'islamisme, la pauvreté endémique, les conséquences du changement climatique ; parce que nos valeurs de liberté, de démocratie, d'égalité entre les femmes et les hommes, de respect de la personne humaine, irritent les régimes autoritaires à travers la planète, qui rêvent par conséquent de nous infliger des défaites, matérielles ou morales ; et parce que nous avons un capital humain, technologique, scientifique, culturel qui représente un trésor de guerre inestimable pour les autres grandes puissances, tentées de faire main basse dessus, par quelque moyen que ce soit.

Sur notre sol, le songe européen alimente son opposé, le nationalisme.

Le nationalisme est une panique et un calcul.

Il est la panique sincère de ces individus qui voient disparaître leur culture, leur langue, leur mémoire, leur passé ; la panique de ces nations morcelées, comme la Bosnie, ou de taille modeste, comme la Bulgarie ; la panique de ces éclats de l'Empire austro-hongrois dépouillés de leur grandeur, comme la Hongrie, dont l'espace géographique ne coïncide plus avec l'espace mental ; la panique inconsciente de ces États que les élites ne dirigent plus, parce que les élites sont parties faire fortune ailleurs, et qui se retrouvent par conséquent menacés dans leur existence, à la merci des groupes de pression, des mafias, des médiocres de tout genre ; la panique mentale des gens qui se sentent entraînés de force dans la mondialisation ou dans une intégration européenne toujours plus poussée et qui hurlent, comme des bêtes à l'abattoir : « Nous n'irons pas ! »

Et ce hurlement, certains dirigeants politiques plus habiles que les autres s'en font l'écho, par calcul. Personne ne demande à aucun peuple d'aller à l'abattoir, mais personne ne devrait rester sourd aux inquiétudes nationales, sans quoi, avec un peu de rhétorique habile, elles vireront au nationalisme. Le président Viktor Orban, en Hongrie, est passé maître en la matière, fustigeant la « gauche de luxe », les « multinationales cupides », les « jeunes diplômés sans emploi qui méditent dans la pénombre des bars » et privent « les vrais gens hongrois » de travail, le peuple de sa « liberté souveraine », la nation chrétienne hongroise de sa « résurrection ». Les dictatures commencent toujours en paroles et finissent toujours en actes. On taxe le régime de Viktor Orban de « démocratie illibérale » : de quel cerveau embrumé a bien pu surgir ce concept de « démocratie illibérale », qui revient à reconnaître à la démocratie une existence possible hors la liberté, et par conséquent à des dirigeants autoritaires les vertus de Mandela ? À ce compte, on peut aussi imaginer un droit sans juges, une presse à la botte, des minorités sans visibilité, à quelques détails près le rêve des partis extrêmes, en Pologne, en Hongrie et ailleurs.

Quand on abdique devant les mots, on a déjà perdu la partie devant les choses.

Panique ou calcul, nous pensions en avoir fini avec ces mouvements nationalistes au lendemain de la Deuxième Guerre mondiale, pourtant ils fleurissent un peu partout en Europe. Les uns sont comme le regain de mauvaises herbes qui poussent dru dans la mémoire collective de la nation, comme l'AfD[1] en Allemagne, dont les membres défilent bras tendu, crâne rasé, torse nu, le dos tatoué de l'insigne SS, dans les rues des villes de l'Est. Les autres sont affiliés au catholicisme conservateur, comme en Pologne. Ils procèdent pour partie de peurs réelles, pour partie de fantasmes dûment alimentés au quotidien, et prospèrent doucement, sans emporter tout à fait le morceau. Ils irritent comme des abcès, dont le territoire européen est frappé par plaques.

1. Alternativ für Deutschland, parti d'extrême droite allemand.

Comment alors les traiter ?

D'abord en nous souvenant que ce nationalisme n'a rien de neuf ; que cela nous plaise ou non il est même partie intégrante de notre culture politique européenne. En somme, il n'est pas précurseur, mais héritier, ce qui est toujours un motif de soulagement.

Revenons un instant aux prédictions de François Mitterrand dans une de ses dernières interventions publiques, le 19 janvier 1995 : « Il se trouve, avait-il dit, que les hasards de la vie ont voulu que je naisse pendant la Première Guerre mondiale, et que je fasse la seconde. (...) La France a combattu tous les pays d'Europe, à l'exception du Danemark, on se demande pourquoi. (...) Il faut transmettre, non pas ces combats, non pas cette haine, mais la chance des réconciliations que nous devons à ceux qui, eux-mêmes ensanglantés, ont eu l'audace de construire un avenir fondé sur la paix. (...) Il faut vaincre ses préjugés, ce que je vous demande là est presque impossible, car il faut vaincre notre histoire, et pourtant si on ne la vainc pas, il faut savoir qu'une règle s'imposera : le nationalisme, c'est la guerre ! »

La dernière phrase est passée à la postérité ; pourtant la précédente éclaire d'une lumière encore plus crue à la fois le défi du nationalisme et l'étrange carrière du Président Mitterrand, qui depuis la francisque et ses amitiés scandaleuses avec des figures de la collaboration, donc de notre honte, aura connu toutes les métamorphoses, jusqu'à atteindre à la fin cette hauteur de vue, dont on se demande encore par quels chemins de traverse il l'a souverainement trouvée.

La phrase précédente dit : « Il faut vaincre notre histoire. »

Le 10 mars 1965, trente ans avant la déclaration de François Mitterrand, Karl Jaspers, l'auteur de l'ouvrage sur la culpabilité allemande qui, en 1946, avait ouvert les yeux au peuple allemand sur sa responsabilité dans les crimes nazis[1], donnait une de ses dernières interviews. Le journaliste lui demandait s'il pouvait y avoir une continuité entre l'ordre politique de la République fédérale d'Allemagne et le régime allemand nazi. Après tout, est-ce que ce n'était pas la même nation ? Le même peuple ? Karl Jaspers lui avait répondu : « Je ne crois pas. À mon sens, on ne saurait parler aujourd'hui raisonnablement de politique que si l'on est décidé à reconnaître qu'en ce point la continuité est interrompue ; en ce point décisif de la conscience politique, la continuité est interrompue et il nous appartient de créer les présupposés de l'ordre politique dont nous voulons nous doter à présent. » Il concluait : « Une survie politique allemande après l'État nazi suppose une révolution spirituelle, une révolution éthique et politique d'ordre spirituel. »

J'ai toujours admiré les Allemands d'avoir su faire cette révolution. J'ai toujours considéré qu'aucune autre nation en Europe ne portant la même responsabilité historique

1. Dans son livre *Die Schuldfrage*, traduit par : « La question de la culpabilité allemande. »

que la nation allemande, aucune autre n'avait à faire pareille révolution mais que, pour reprendre le mot de François Mitterrand, « savoir vaincre son histoire » – ce qui n'exclut absolument pas de l'aimer aussi –, était la seule voie pour se libérer du nationalisme.

Puisque nous sommes dans les références germaniques, je voudrais terminer ces remarques sur le nationalisme avec un auteur de langue allemande auquel je me réfère souvent, parce qu'il a versé goutte à goutte un acide sur les plaies de sa patrie, l'Autriche. Et n'est-ce pas justement parce que l'Autriche a attendu si longtemps, avec la complicité des vainqueurs de la Seconde Guerre mondiale, pour regarder en face son histoire, que ses écrivains se sont jetés avec autant de férocité sur elle ? Thomas Bernhard, au sujet de sa ville de Salzbourg, qu'il a copieusement éreintée tout au long de sa vie, dit dans un échange avec un autre auteur : « Salzbourg est une œuvre d'art, la nature est une merveille. Mais il faut absolument qu'il y ait des gens pour dire "mais". Tout le monde veut toujours tout déterminer. Mais tout cela manque de "mais". La vérité ne survient que lorsqu'on ajoute un "mais"[1]. »

En somme, le nationalisme, c'est la nation sans un « mais ». Par conséquent, la meilleure réponse au natio-

1. Thomas Bernhard, « On ne crée rien à partir de crème Chantilly », in *Sur les traces de la vérité*, Discours, lettres, entretiens, articles, Gallimard, 2013.

nalisme, d'hier comme d'aujourd'hui, c'est le « mais » de la conscience critique, nationale ou européenne.

Le libéralisme universel de Davos

Je serai plus court sur la dernière fiction, le libéralisme universel de Davos, pour une raison que chacun comprendra : il est mort et enterré, sous les neiges épaisses de la station suisse.

Le rendez-vous n'est pas mort ; nous serons toujours quelques-uns à trouver plus pratique et plus chaleureux de nous retrouver sur les hauteurs de cette station de sports d'hiver, plutôt que d'échanger par Zoom. Et puis il faut bien leur point de rassemblement aux élites économiques et politiques, comme les sportifs ont le leur, les musiciens, les acteurs à Cannes, les Gitans aux Saintes-Maries-de-la-Mer, les catholiques à Rome : chacun aime par moments à se retrouver entre soi, c'est une réalité humaine. Elle est encore préférable à la distanciation généralisée, qui nous prive de tout contact, donc de toute humanité.

Le rendez-vous annuel de Davos n'est donc pas mort, mais son esprit, si.

La grande question est de savoir si un lieu peut survivre au départ de son esprit d'origine, mais je n'ai pas la réponse à cette question. En tout cas, l'idée selon laquelle le libéralisme économique aurait étendu son empire *ad vitam aeternam* sur la planète a bel et bien explosé en vol. Elle n'a pas résisté aux attentats terroristes, à la montée en puissance de la Chine, aux provocations militaires de Vladimir Poutine, aux tweets de Donald Trump, en bref, au retour de la violence politique et, plus que tout, à la prise de conscience de la menace environnementale.

En quelques années, ce qui semblait un péril lointain s'est rapproché de nous à la vitesse d'un feu de forêt, dévorant nos certitudes, réduisant en cendres la broussaille de nos pensées, qui nous disaient que non, la catastrophe climatique n'était pas pour tout de suite. Quand des dômes de chaleur nous ont réduits à l'état de légumes sous serre en Australie ou au Canada, où nous pensions qu'il faisait toujours froid, quand des tsunamis ont ravagé des villages en Asie, quand nous avons dû fuir les villes accablées de chaleur, après avoir dévalisé les magasins de climatiseurs, devant les larmes des Allemands, des Belges, des Autrichiens touchés par les inondations, à force de voir se répéter année après année les épisodes de sécheresse, de gel sur les vignes, de pluies diluviennes, d'ouragans aux Antilles, nous nous sommes rendus à une première évidence : le réchauffement climatique était une réalité ; et à une seconde : notre modèle économique devait changer.

Le climat a tué le projet de libéralisme universel, qui est un dévoiement du libéralisme politique dont la France a été un des plus éminents représentants. Le libéralisme universel de Davos visait à soumettre à un seul et même ordre économique, celui du profit toujours plus grand, l'ensemble des nations de la planète. Klaus Schwab, en renard avisé, avait d'ailleurs flairé le piège ; il n'a eu de cesse au cours des dernières années d'ouvrir le forum à des voix différentes, de donner la parole à des acteurs majeurs de la lutte contre le réchauffement climatique, de mettre en avant la question des inégalités. Il a voulu transformer Davos en Cancún ; mais Davos restera toujours Davos, le temple du libéralisme universel, comme Cancún portera toujours les espoirs trompés de révolutionnaires nostalgiques, qui pensaient définir les contours d'une économie plus juste dans une chaleur tropicale, en costume crème, tandis que le monde basculait au même moment dans une concurrence toujours plus rude.

À la fin, la réalité gagne toujours ; et la réalité est que le libéralisme universel ne peut pas être la solution au défi climatique ; que nous le savons tous ; et que notre plus grande tâche désormais, qui excède le champ de ce livre, est de faire un effort d'imagination proprement surhumain pour nous projeter dans un monde où les libertés prennent la place de ce libéralisme universel. Cuba pas plus que Cancún, la dictature pas davantage que le dirigisme politique ne peuvent être la réponse à Davos. Renverser la vapeur serait une folie aussi grande que de persister dans la voie actuelle, car elle nous ferait rebrousser chemin vers des contrées inhospitalières : celles de la décroissance, du combat à mort pour les ressources, du recul du progrès, du conflit de tous contre tous. J'ai toujours été frappé de la haine qui émanait des discours des écologistes les plus radicaux et je crois fermement que la haine n'est pas une solution au problème du climat, à aucun problème politique du reste.

Ce sont les libertés, avant tout la liberté de penser un projet économique en fonction de sa finalité politique, qui nous permettront de relever le défi climatique. Le temps des projets économiques qui se suffisent à eux-mêmes est fini ; le temps des projets économiques à finalité sociale et environnementale commence ; car c'est bien la planète qui est universelle, pas l'économie.

Après Davos, nous devons donc inventer la réconciliation de la lutte contre le réchauffement climatique et de l'économie ; nous devons faire avancer de concert climat et finance.

3

Pour la nation

Notre pays, la France, existe-t-il encore ?

Si je devais trouver une réponse à ce vague à l'âme qui secoue la France depuis trop d'années, je la formulerais dans cette question : la France existe-t-elle encore ?

Elle résume les déchirements entre les territoires, le doute qui traverse notre modèle centralisé, les interrogations sur le principe de laïcité, la crainte sourde de voir les inégalités exploser, en définitive tous les débats qui secouent notre société et dont les responsables politiques essaient de comprendre le mouvement. Elle en conduit certains à avancer deux solutions antinomiques, qui ont leurs partisans farouches, mais auxquelles je ne me résignerai jamais, et que nous pourrions caricaturer de la manière suivante : la soumission mondiale ou la révolte locale.

La soumission mondiale, je veux dire par là l'injonction à nous conformer à un ordre économique, à un modèle de société, à des technologies dont on nous présente la victoire comme inéluctable. À quoi bon dans ce cas la politique, puisque ses fins seraient déterminées à l'avance et ailleurs que dans les lieux de pouvoir du peuple souverain ? La crise du Covid, la réponse économique que nous y avons apportée, l'affirmation d'une voie européenne spécifique, qui protège les salariés et les entreprises plutôt que de laisser faire la destruction des emplois et de notre patrimoine industriel, montre qu'il existe une voie escarpée pour ne pas céder à cette injonction. Nous, la France, nous pouvons encore défendre un modèle singulier, inscrit dans un cadre européen. Et ma conviction est faite que si nous laissons notre souveraineté à l'abandon, et le pouvoir qui va avec, très vite la théorie du complot prendra le dessus, parce que certains seront fondés à demander : qui décide, en France ? Quelles sont ces forces invisibles et étrangères qui ont pris le dessus sur nous, le peuple ?

La révolte locale, elle, dresse les territoires comme un rempart contre la soumission mondiale et contre la supposée inefficacité du pouvoir central. Elle affirme que la seule efficacité politique, la seule légitimité, se trouverait parmi les élus locaux. Elle voit juste dans la nécessité d'un meilleur partage des compétences entre Paris, les régions, les départements et les communes ; elle pense faux quand elle estime que l'État n'aurait plus sa place dans l'exercice du pouvoir souverain. L'expression populaire dit : « Il ne faut pas jeter le bébé avec l'eau du bain. » Effectivement, il ne faudrait pas jeter la nation dans l'eau de nos difficultés administratives. Une République des territoires ne remplacera jamais une République tout court, qui suppose un idéal national, une légitimité étatique et de nouvelles compétences locales.

Entre soumission mondiale et révolte locale, nous devons trouver un point d'équilibre, qui s'appelle la nation.

L'islam politique contre la nation

Le 13 novembre 2015, trois commandos de terroristes se livraient à une série d'attaques dans Paris, tuant 130 personnes et laissant derrière eux plus de 400 blessés graves, qui souffrent encore aujourd'hui de graves séquelles physiques ou psychiques. Leurs témoignages dans les journaux, à la radio ou à la télévision, sont poignants, les livres que certains de ces rescapés ont écrits évoquent des souffrances que nous, qui ne sommes pas passés par des épreuves semblables, avons du mal à comprendre. Six ans plus tard, le procès de ces attentats vient nous secouer comme un guetteur un garde endormi pour nous demander : « Veilles-tu ? » Nos consciences assoupies oublient vite que ces attentats ne sont pas surgis de nulle part, que la plupart des attentats terroristes commis sur le sol français depuis dix ans l'ont été par des citoyens de nationalité française, qui ont développé sur notre sol à la fois une haine de la France et une passion aveugle, bornée, inculte et dévoyée pour l'islam.

« Veilles-tu ? » Chaque moment du procès des attentats du 13 novembre sonne comme un avertissement pour nous : « Veilles-tu sur ce qui a engendré ces assassins de moins de trente ans, armés de Kalachnikov, une ceinture d'explosifs serrée autour de la taille et décidés à perdre leur vie plutôt que de laisser la France en paix ? » Nous aimerions passer à autre chose. Nous voudrions occulter ces événements, mais aucune couverture mentale n'est assez épaisse pour étouffer ce souvenir, au moins pour les rescapés. Le traumatisme social est profond, parce qu'à l'horreur du massacre s'ajoute la conscience que le problème reste entier : le salpêtre de l'islam politique pourrit encore des tours dans des quartiers, des arrière-salles d'associations cultuelles, des lieux de prière, des parloirs de prisons, des discours d'intellectuels obsédés par la question de la domination du fort sur le faible, des universités, des écoles. « Veilles-tu ? »

Le président de la République, dans son discours aux Mureaux du 2 octobre 2020, n'a laissé place à aucune ambiguïté : « Le problème, c'est le séparatisme islamiste. » Les mêmes qui, en France, lui reprochent sa tiédeur sur ce thème, devraient plutôt considérer qu'aucun chef d'État n'a été autant attaqué que lui dans le monde pour ses prises de position contre le séparatisme islamiste et pour la laïcité. Sans doute serait-ce trop leur demander de remiser un instant leurs calculs politiciens pour rester unis.

Contre l'islam politique, la nation doit faire bloc.

Elle doit aussi imaginer de nouvelles voies, s'interroger sur la pertinence de nos choix passés : faut-il conserver le

CFCM[1], qui exprime des obédiences nationales bien plus qu'il ne représente les musulmans de France ? Aucune discussion avec lui a-t-elle depuis sa création véritablement changé la donne ? Nous devons aussi faire le deuil de solutions inspirées du passé : nous ne ferons pas le Grand Sanhédrin des musulmans. Le bureau des Cultes du ministère de l'Intérieur ne va pas à lui seul, malgré la capacité de ses fonctionnaires, définir la structure de l'islam de France, désigner ses représentants, construire une hiérarchie qui lui est étrangère. L'État a pris des initiatives utiles sur la formation des imams, il a expulsé tous ceux qui tenaient des propos contraires aux principes de la République, et de Nicolas Sarkozy à Manuel Valls en passant par Gérald Darmanin, on ne peut pas dire que les ministres de l'Intérieur aient manqué de courage sur ce sujet.

Mais l'État n'organisera pas l'islam de France.

Il n'en a pas la capacité. Il n'en a pas la légitimité.

Il doit soumettre les religions au respect des règles communes, sans entreprendre de définir leur fonctionnement, quelle que soit la religion. Il est le gardien de la loi, pas du droit canon. Sa mission fondamentale est de garantir le libre exercice du culte, la liberté de croire ou de ne pas croire, mais on ne peut pas être à la fois le garant des libertés individuelles et le gardien des consciences. Il faut choisir. Prévenir la radicalisation des prisonniers, ce n'est pas imposer un lavage de cerveaux à qui que ce soit,

1. Conseil français du culte musulman.

ce n'est pas inculquer une autre foi à un individu, c'est tenter ce pari fou, mais nécessaire, de remettre un peu de raison dans des esprits dont la haine, les frustrations et le ressentiment menacent nos libertés.

Quelle est du reste la question essentielle ? Est-ce seulement d'organiser l'islam en France, comme nous tentons de le faire avec plus ou moins de succès depuis des années ? Ou de penser cet islam, pour qu'il prenne conscience de ses dérives extrémistes, les condamne et trouve donc pleinement sa place dans la République ?

Au Caire, à l'invitation de l'ambassadeur de France en Égypte, je dînais un soir de juin 2021 avec des frères dominicains de l'Institut dominicain d'études orientales. L'un d'entre eux, le frère Adrien, nous fit un long exposé sur la naissance du courant salafiste dans l'islam, expliquant, dates à l'appui, comment ce mouvement avait gagné la partie dans les nations occidentales par son rigorisme et par sa parfaite connaissance des textes religieux : « Connaître les textes, nous dit le frère Adrien dans sa robe de bure, dont le dépouillement rehaussait le caractère juvénile de son visage, c'est en imposer la lecture ; en l'espèce, une lecture orientée de manière hostile aux valeurs occidentales et diffusée ensuite sur internet. » Il nous expliqua que cette maîtrise avait permis aux salafistes de faire un coup de force moral, notamment en France, mais aussi ailleurs en Europe et au Proche-Orient. Interdire le salafisme par la loi, comme certains le proposaient dans la classe politique, était donc à la fois vain et stupide : cela ne ferait que renforcer la victimisation des fidèles, sans ralentir la diffusion des idées radicales sur la toile. Il sourit : « J'ai parfois l'impression que les politiques ont oublié que nous vivions au XXIe siècle. » Venant d'un frère dominicain, la remarque ne manquait pas de sel. Il conclut en appelant à mener le combat non seulement contre les réseaux mais surtout contre la pensée des salafistes : « Il faut aider l'islam en France à se penser. Et ne pas laisser le monopole de cette pensée aux seuls musulmans, sans quoi c'en est fini de l'universel français. Si les musulmans sont les seuls à avoir le droit de critiquer la religion musulmane, on tombe dans le spécisme, on tue l'universel. »

Je n'ai rien à ajouter aux propos du frère Adrien, sinon pour mentionner sa toute dernière remarque, qu'il fit sur le perron de la résidence, alors qu'un vent humide et chaud secouait les branches d'un palmier décharné : « La religion en France, c'est vraiment trop souvent Alice au pays des merveilles. » Je ne sais pas à quoi il faisait allusion ; peut-être, en écho à la radicalisation des salafistes, à l'affirmation d'un des personnages de Lewis Carroll, Humpty Dumpty : « Lorsque moi j'emploie un mot (...) il signifie exactement ce qu'il me plaît qu'il signifie, ni plus ni moins. Car la question est de savoir qui sera le maître, un point c'est tout. »

Oui, la question est bien de savoir qui est le maître ; et cela explique en grande partie pourquoi ce défi de l'islam politique occupe une place aussi centrale dans nos consciences nationales, bien davantage que dans n'importe quel autre pays.

Dans sa construction, la nation républicaine de 1789 a rencontré sur sa route un obstacle de taille : la religion catholique, qui constituait le cœur de la légitimité monarchique, de droit divin. Pour que la monarchie tombe et que la nation naisse, il fallait donc que la religion disparaisse de la scène publique ; elle arpentait les palais, il a fallu la faire rentrer dans les tabernacles. Le combat, ouvert ou larvé, a duré un siècle ; il a pris fin avec la loi de 1905. Avec l'islam politique, un combat semblable est engagé, à une différence majeure près, qui complique singulièrement la donne : ce combat n'est pas le produit de notre histoire nationale, il est importé de l'étranger sur notre sol. Il rend encore plus irrecevable l'idée que l'islam politique puisse l'emporter. En somme, nous revivons avec une autre religion un affrontement similaire à ceux que nous avons déjà connus et qui ont émaillé notre histoire. Mais dans un cas, de la monarchie absolue à la nation républicaine, nous avons vécu un déchirement intérieur ; dans l'autre, nous sommes engagés dans la résistance à un courant de pensée qui nous est radicalement étranger.

De l'islam politique ou de la nation telle que nous la concevons depuis plus de deux siècles, l'un doit être le maître et ce sera la nation.

Défis géopolitiques

Mise au défi de l'intérieur, la nation l'est aussi de l'extérieur par des mouvements géopolitiques qui rebattent les cartes de l'ordre mondial et nous amènent, comme le fait le président de la République depuis près de cinq ans, à repenser la place et les marges de manœuvre de la France.

Les faits sont têtus : le monde a changé à la vitesse de la lumière au cours des vingt dernières années et la crise du Covid n'a fait que précipiter ces changements. Elle ne les a pas fait naître, elle les a rendus visibles. Nous n'avons donc plus aucune excuse pour ne pas les voir.

Le poids acquis par les géants du numérique est un premier fait.

Désormais, ces géants ont une capitalisation boursière supérieure au PNB de 90 % des États de la planète, qui gravitent autour d'eux comme des Lilliputiens. Je me suis suffisamment étendu sur les conséquences mentales de ces révolution technologiques pour ne pas revenir dessus. En revanche, que chacun prenne conscience des conséquences économiques et financières, en somme des conséquences purement pratiques, de cette réalité nouvelle : si nous ne faisons pas respecter les garde-fous normatifs que nous avons mis en place en France comme en Europe, nos données ne nous appartiendront plus, elles deviendront la propriété exclusive de ces géants du numérique, qui ne s'embarrasseront pas de trop de scrupules pour les exploiter; si nous ne faisons pas respecter la loi sur les droits voisins, nous condamnons le métier de journaliste; si nous ne restons pas fermes dans notre opposition au projet de monnaie digitale Libra qui, dans sa version originelle, devait être assis sur un panier de monnaies comprenant l'euro, ce qui aurait permis à son initiateur Facebook d'en faire varier le cours, nous nous privons de notre souveraineté monétaire; si nous ne tenons pas bon sur la taxation de ces géants, nous nous résignons à une injustice fiscale.

C'est l'honneur de la France de s'être mise aux avant-postes de ce combat pour la régulation des pratiques commerciales, économiques, financières et fiscales des géants du digital, un de ses combats politiques majeurs. Faut-il aller plus loin et démanteler les GAFAM? Seuls les États-Unis ont la réponse; il serait maladroit, voire hasardeux, de la donner à leur place.

Deuxième fait que chacun a en tête : le pivotement du monde vers la Chine.

Plutôt que de m'étendre sur cette évidence, je voudrais souligner à quel point chaque grande puissance a son projet stratégique, qui lui donne un élan et qui rassemble ses forces.

Le projet stratégique chinois est connu : ce sont les nouvelles routes de la soie, qui maillent le monde à coups de routes, de ports, de rails, de câbles et d'antennes relais, Huawei, qui essaie de pénétrer tous les réseaux du pouvoir politique en Europe pour étendre ses réseaux 5G, la diplomatie agressive chinoise, la China Eximbank et ses prêts concessionnels en Afrique, les militaires, les entreprises du BTP, les ouvriers sur les chantiers ferroviaires de la Géorgie qui dorment dans des wagons en attendant des jours meilleurs, les ingénieurs aéronautiques, les scientifiques du laboratoire P4 de Wuhan, tous participent de la même stratégie : faire de la Chine la première puissance mondiale dans moins de vingt ans.

Le projet russe est connu également : nationalisme et jeu de puissance à trois. Il faut pouvoir se vendre au plus offrant, Europe ou Chine, tout en conservant sa totale indépendance. Devant les atermoiements européens, qu'Emmanuel Macron et Angela Merkel auront été les seuls à tenter de contrer, Vladimir Poutine pousse ses pions vers Pékin. Il force par exemple la réalisation d'une nouvelle route maritime au nord, qui permettra aux supercontainers et aux méthaniers brise-glace de s'affranchir du passage par le canal de Suez. Le réchauffement climatique est une menace pour les peuples ; il est une opportunité pour le pouvoir russe, qui voit dans la fonte de la calotte glaciaire la possibilité de rendre enfin praticable la voie arctique. L'Extrême-Orient russe se développe, dans la péninsule du Kamtchatka, à Vladivostok et aux marges des grands ports du nord de la Chine. Les Européens doivent prendre conscience du défi russe, sans quoi les comportements de déstabilisation de la Russie se développeront dans les années à venir, sous les formes les plus variées : attaques cyber depuis son territoire, demandes de rançons sur des entreprises privées ou des hôpitaux publics, comme à Dublin, interventions militaires extérieures, présence en Afrique, pour s'ouvrir de nouveaux marchés économiques. Si l'Union européenne avait une diplomatie, la Russie serait son angle mort.

Et l'Europe précisément ? Quel est son projet stratégique ? Comment répond-elle aux nouvelles routes de la soie chinoises, au nationalisme russe ou encore à la deuxième conquête de l'espace engagée par les États-Unis ? Une réponse possible a été apportée par la France : bâtir un modèle économique plus juste, au service de la protection de la planète et non plus de son exploitation.

Troisième fait géopolitique : la proximité africaine.

Au Caire encore, au cours d'un entretien dans une des pièces de son palais de marbre blanc, le président Sissi m'avait fait une remarque en langue arabe qui avait éclairé son visage, avant qu'il ne se referme tout aussi subitement. L'interprète avait traduit : « Vous savez, monsieur le ministre, votre intérêt est de participer au développement de l'économie égyptienne. Nous sommes cent millions en Égypte ; bientôt nous serons cent vingt millions ; toute la question pour vous est de savoir si vous voulez que ces vingt millions restent ici ou partent en Europe. » Puis il déroula la liste de ses demandes, qui allait d'un institut du sang à la fabrication de batteries électriques pour les voitures, en passant par la coopération en matière d'énergies renouvelables. Deux heures plus tard, un détour rapide par le vieux Caire suffit à me convaincre de la justesse de son propos : partout, à tous les coins de rue, assis sur des murets de pierre ou sur des arches d'escalier, le dos voûté sur le guidon de motos hors d'usage, dont le skaï déchiré de la selle laissait percer une mousse jaunâtre, attroupés en grappes ou marchant seuls les bras ballants, des centaines de jeunes de moins de vingt ans vaquaient à leurs occupations, laissaient passer le temps, à attendre, quoi ? Quand nous passions avec ma délégation devant un groupe de trois ou quatre jeunes, les officiers de sécurité devant nous les écartaient sans ménagement, en les repoussant contre les murs d'un coup de bras ; tous obtempéraient sans rien dire. Parfois un juron fusait, dans une voix d'adolescent un peu discordante ; alors l'officier de tête ouvrait sa veste et découvrait un pistolet mitrailleur Uzi, qui ramenait le calme. Nous avancions. Derrière nous, le groupe de jeunes se reformait, ils se coulaient les uns contre les autres, souples et silencieux, clignant des yeux sous le soleil qui rasait les toits de terre cuite, comme des chats.

Et en Côte-d'Ivoire, le président Alassane Ouattara et son Premier ministre Patrick Achi, qui ont mené le pays au succès économique, diront à peu près la même chose, en insistant sur les questions de sécurité et sur la nécessité pour les nations européennes de ne pas laisser le champ libre en Afrique aux autres puissances, Chine ou Russie. Au Sénégal, au Maroc, au Mali, dans les États qui tirent la croissance du continent comme dans ceux qui sont gangrenés par les réseaux terroristes, tous appelleront à une coopération plus étroite entre les deux rives de la Méditerranée.

La politique africaine a été au cœur de la diplomatie du

premier quinquennat ; elle a garanti la sécurité au sud du Sahel et ralenti la progression du terrorisme islamiste ; elle a relancé la francophonie, qui est une des idées les plus nécessaires de ce début de siècle ; elle a permis le lancement de projets économiques de grande ampleur, dans des conditions de réalisation technique et de respect de la souveraineté des États plus satisfaisantes que celles proposées par la Chine ; quand il le fallait, elle a permis de débloquer les fonds nécessaires pour relancer les économies frappées par le Covid, fournir les vaccins, apporter une aide médicale d'urgence. Tous ces choix faits par Emmanuel Macron doivent être poursuivis, à une échelle plus importante encore : pourquoi les Européens ne proposeraient-ils pas au continent africain leurs propres routes de la soie, du nord au sud ? Pourquoi ne feraient-ils pas du développement euro-africain la priorité des vingt-cinq prochaines années, avec pour ambition un rééquilibrage des économies, dont dépendent la maîtrise des flux migratoires, la victoire contre les mouvements terroristes, le succès de notre lutte contre le réchauffement climatique ?

La nation ou la sédition

À l'âge de vingt-six ans, le philosophe Hegel entreprit un long périple à travers les Alpes suisses. Loin de susciter en lui des élans d'enthousiasme, ce voyage ne provoqua que déception, ennui, fatigue devant les imprévus matériels, découragement face à l'escarpement des chemins. La conclusion laconique de son récit résume tout : « La vue de ces masses éternellement mortes ne suscita rien en moi, si ce n'est l'idée uniforme et à la longue ennuyeuse : c'est ainsi[1]. »

« C'est ainsi. »

On peut toujours rêver de grand soir international, on peut consacrer son temps à bâtir des châteaux en Espagne sur le fédéralisme européen, on peut s'efforcer d'importer en France la *cancel culture*, dans un mouvement de détestation de soi dont la violence me surprend toujours, au bout du compte, pour le moment et sans doute encore pour quelque temps, ce qui nous attache les uns aux autres, ce qui nous lie, le seul projet politique qui soit à taille humaine, c'est la nation. Pas une nation exclusive, qui nous couperait du projet européen, mais une nation qui définit avec les autres nations européennes une ambition commune, des règles de vie, un ordre ; pas une nation repliée sur elle, mais une nation qui trouve dans sa culture un renouvellement permanent et le courage de se confronter aux autres, de les accueillir.

« C'est ainsi. »

Le peuple veut la nation. Le peuple désire la nation pas seulement parce que dans la nation il retrouve ses repères, une géographie, un hexagone, une langue, des dates, des personnages et une histoire, mais parce que la nation lui rend son pouvoir. Ce pouvoir qu'il a parfois le sentiment

1. « *Es ist so.* »

de voir confisqué par des technocrates sans âme, aspiré par les couloirs de Bruxelles ou manipulé par des forces obscures, il le retrouve dans le cadre de la nation, quand il vote, quand il défile, quand il manifeste, quand il hurle ou quand il prend parti. La nation conjugue une culture et le principe de la souveraineté populaire : qui d'autre peut en dire autant ?

« C'est ainsi. »

Ma conviction est faite que si nous ne respectons pas ce désir de nation, nous ouvririons grand les vannes du nationalisme, du populisme, de la radicalisation des esprits sur notre territoire. Le peuple entrera en sédition ; est-ce qu'une partie n'y est pas déjà entrée ? Garder l'ambition d'une France universelle, ce qui est ma volonté la plus farouche, continuer à faire jouer à notre pays les premiers rôles en Europe, ce qui est mon travail quotidien, n'interdit pas de revenir à la nation, de la respecter, tout simplement de l'aimer. Je suis affamé de France ; les Françaises et les Français sont affamés de France. Et comment aurions-nous encore demain une France universelle si nous laissons l'individualisme tuer l'universel et les modèles étrangers dévaloriser la France ?

« C'est ainsi. »

La France est une nation singulière, qui ne ressemble à aucune autre, qui vomit son État mais fait sans cesse appel à lui, qui réclame à cor et à cri la décentralisation des pouvoirs mais désire un chef à son sommet, nation divisée depuis les origines par les fleuves, les vallées, les routes, les sentiers, les traditions locales et les accents, mais qui se rêve unie, la France, glorieuse et fragile, qui domine le monde de son esprit et balbutie encore les langues étrangères, comment pourrions-nous oublier ce que nous lui devons ?

La nation revient, nationale et européenne, elle reprend sa place au lendemain de la crise la plus grave des dernières décennies. Nous avons renoué avec la fraternité. Nous avons à nous retrouver, libres et neufs.

« C'est ainsi » et c'est très bien ainsi.

Table

DU MÊME AUTEUR

Le Ministre, Grasset, 2004.

Des hommes d'État, Grasset, 2008 ; prix de littérature politique Edgar-Faure 2008.

Sans mémoire, le présent se vide, Gallimard, 2010.

Musique absolue. Une répétition avec Carlos Kleiber, Gallimard, 2012 ; prix Pelléas du festival de Nohant 2013, prix de la ville de Deauville 2013.

Jours de pouvoir, récit, Gallimard, 2013.

À nos enfants, Gallimard, 2014.

Ne vous résignez pas !, Albin Michel, 2016.

Paul. Une amitié, Gallimard, 2019.

Le Nouvel Empire. L'Europe du vingt et unième siècle, Gallimard, 2019.

L'Ange et la Bête : Mémoires provisoires, Gallimard, 2021.

Composition : IGS-CP
Impression : CPI Bussière en octobre 2021
Éditions Albin Michel
22, rue Huyghens, 75014 Paris
www.albin-michel.fr

ISBN : 978-2-226-45648-9
N° d'édition : 24219/01 – N° d'impression : 2059875
Dépôt légal : novembre 2021
Imprimé en France